近畿圏版① 使いやすい！教えやすい！家庭学習に最適の問題集！

洛南高等学校附属小学校
立命館小学校

2021年度版 過去問題集

<問題集の効果的な使い方>
①お子さまの学習を始める前に、まずは保護者の方が「入試問題」の傾向や難しさを確認・把握します。その際、すべての「学習のポイント」にも目を通しましょう。
②入試に必要なさまざまな分野学習を先に行い、基礎学力を養ってください。
③学力の定着が窺えたら「過去問題」にチャレンジ！
④お子さまの得意・苦手が分かったら、さらに分野学習をすすめレベルアップを図りましょう！

最新の入試問題と特徴的な出題を含めた全40問掲載

合格のための問題集

洛南高等学校附属小学校

お話の記憶	お話の記憶問題集　中・上級編
推理	Ｊｒ・ウォッチャー31「推理思考」
推理	Ｊｒ・ウォッチャー６「系列」
推理	Ｊｒ・ウォッチャー７「迷路」
図形	Ｊｒ・ウォッチャー48「鏡図形」

立命館小学校

常識	Ｊｒ・ウォッチャー27「理科」55「理科②」
言語	Ｊｒ・ウォッチャー60「言葉の音」
記憶	Ｊｒ・ウォッチャー20「見る記憶」
推理	Ｊｒ・ウォッチャー６「系列」
数量	Ｊｒ・ウォッチャー16「積み木」

●資料提供●
京都幼児教室

ISBN978-4-7761-5310-8
C6037 ¥2300E
9784776153108
1926037023005
定価　本体2,300円＋税
日本学習図書 ニチガク

ニチガク式学習支援!!

日本学習図書（ニチガク）

こんなこと…ありませんか？

「ニチガクの問題集…買ったはいいけど、、、
この問題の教え方がわからない（汗）」

メールでお悩み解決します！

- ホームページ内の専用フォームで必要事項を入力！
- 教え方に困っているニチガクの問題を教えてください！
- 確認終了後、具体的な指導方法をメールでご返信！
- 全国どこでも！ スマホでも！ ぜひご活用ください！

<質問回答例>

アドバイス

推理分野の学習では、後の学習に活きる思考力を養うことができます。ご家庭で指導する場合にも、テクニックにたよらず、保護者の方が先に基本的な考え方を理解した上で、お子さまによく考えさせることを大切にして指導してください。

Q.「お子さまによく考えさせることを大切にして指導してください」と学習のポイントにありますが、考える習慣をつけさせるためには、具体的にどのようにしたらいいですか？

A. お子さまが考える時間を持てるように、質問の仕方と、タイミングに工夫をしてみてください。
たとえば、「答えはあっているけど、どうやってその答えを見つけたの」「答えは○○なんだけど、どうしてだと思う？」という感じです。
はじめのうちは、「必ず30秒考えてから手を動かす」などのルールを決める方法もおすすめです。

まずは、ホームページへアクセスしてください!!

https://www.nichigaku.jp　日本学習図書　検索

目指せ！合格！ 家庭学習ガイド
洛南高等学校附属小学校

入試情報

応募者数：男子 90 名　女子 63 名　計 153 名
出題形態：ペーパーテスト
面　　接：保護者
出題領域：ペーパーテスト（お話の記憶・数量・図形・言語・常識・推理など）、運動（行動観察を含む）

入試対策

例年、ペーパーテストで難しい問題が多数出題されていましたが、昨年度からかなりやさしくなっています。とは言いながらも、地域内の比較としてはレベルの高い問題が出題されることには変わりないので、幅広い分野で基礎を固めるとともに、応用問題にも対応できるように準備を進める必要があるでしょう。日々の学習に加えて、実体験を通して知識を補うことも大切にしてください。

運動テストでは、体や運動能力の発達度はもとより、子どもの態度や心構え、協調性の有無、マナーが身に付いているかなど、さまざまな点が観られます。子どもの日常の様子に加え、保護者の方を含む家庭全体が観られているということを意識し、家族全員で受験に取り組みましょう。

また、集合時間を含め３時間半に及ぶ試験の間、集中を切らさないようにすることも大切です。必要な時には集中できるように、学習は時間を決めて行い、遊ぶ時は思い切り遊ぶなどメリハリをつけて日常を過ごしてください。

●標準的な入試に近づいてはいますが、長文が読み上げられる「お話の記憶」をはじめ、数量・図形・言語・常識・推理などの分野では、知識や応用力を試される問題も見られます。基礎を大切にしつつ、分野を横断するような学習も取り入れましょう。

●保護者の方には、面接資料提出時と試験時に作文が課されました。お子さまの教育や社会生活などについて、ふだんからしっかり意識してしておくことが重要です。

必要とされる力　ベスト６

チャートで早わかり！

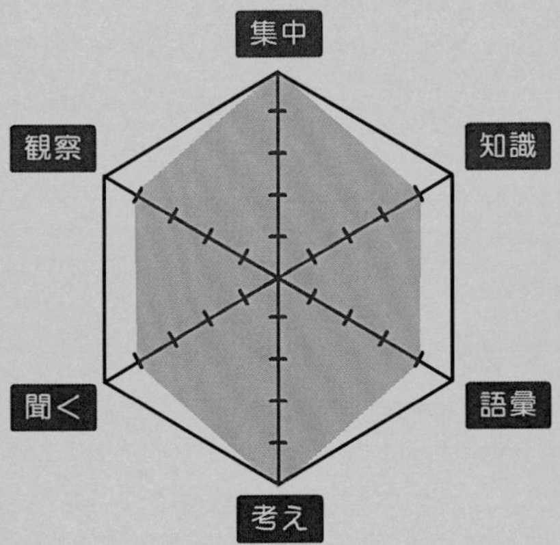

特に求められた力を集計し、左図にまとめました。
下図は各アイコンの説明です。

	アイコンの説明
集中	集　中　力…他のことに惑わされず１つのことに注意を向けて取り組む力
観察	観　察　力…２つのものの違いや詳細な部分に気付く力
聞く	聞　く　力…複雑な指示や長いお話を理解する力
考え	考える力…「～だから～だ」という思考ができる力
話す	話　す　力…自分の意志を伝え、人の意図を理解する力
語彙	語　彙　力…年齢相応の言葉を知っている力
創造	創　造　力…表現する力
公衆	公衆道徳…公衆場面におけるマナー、生活知識
知識	知　　　識…動植物、季節、一般常識の知識
協調	協　調　性…集団行動の中で、積極的かつ他人を思いやって行動する力

※各「力」の詳しい学習方法などは、ホームページに掲載してありますのでご覧ください。http://www.nichigaku.jp

「洛南高等学校附属小学校」について

＜合格のためのアドバイス＞

当校は、日本有数の進学校、洛南高等学校の附属小学校として、2016年４月に開校しました。これまでのペーパーテストは難易度が高く、基礎力をしっかりとつけていないと対応できない問題が大半でしたが、2020年度入試でははっきりと問題がやさしくなっており、傾向の変化がうかがえます。しかし、標準的なものよりは難しく、基本レベルの問題を確実に解けるようにした上で、反復学習や問題練習を重ねて正確さとスピードを養うという取り組みが必要なことには変わりありません。ある程度学力がついてきたら、推理・言語・常識分野の発展的な問題に取り組みましょう。本書掲載の問題で傾向をつかみ、学習のポイントを参考にして家庭学習を行ってください。ペーパーテスト向けの学習とのバランスを取りつつ、遊びやお手伝いなど日常の体験を通して知識を補強しましょう。ペーパーテスト以外に特筆すべき点としては、学校側が保護者の方をよく知りたいという思いから、出願時に作文、試験日前の指定日に保護者面接、試験時間中の課題作文の３つが課されています。なお、課題作文では、３つのテーマが与えられ、１時間で600字程度の作文を書かなければなりません。課題に対する答えを考え、作文全体の構成、表記の統一など、あらかじめ練習しておくべきことはたくさんあります。本書該当問題のアドバイスと下記の課題を参考にして、早めに練習をはじめてください。

〈2020年度選考〉

◆面接（考査日前に実施／保護者）
◆ペーパーテスト：お話の記憶、数量、図形、言語、常識、推理　など
◆運動：ケンパー、ギャロップ、スキップ、ボール投げ　など

◇過去の応募状況

2020年度	男子	90名	女子	63名
2019年度	男子	84名	女子	74名
2018年度	男子	77名	女子	78名

〈保護者作文について〉

お子さまが試験を受けている間、保護者に作文が課されました。それぞれ３つのテーマの中から１つを選んで600字以内で書くという形式で行なわれます。

◆作文の課題例（本書掲載分以外の過去問題）

1．子どもの自己肯定感を高めるためにどのような関わりが必要と思うか。
2．「銀も金も玉も何せむに、まされる宝子にしかめやも」について、思うところを書く。
3．「親は子どもを教育する義務がある。また子どもに親が教育される義務がある」について、思うところを書く。
4．「教育とは投資である」は是か非か、について、思うところを書く。
5．「小学校で１人の先生がほとんど全ての教科を教えること」の是非について、思うところを書く。
6．自分が母親から受けた躾の中で、お子さんに伝えたいものはどのようなものか。

目指せ！合格！

家庭学習ガイド
立命館小学校

ペーパー　制作　運動　行動観察　親子面接

入試情報

応募者数：プライマリー入試　男女計197名
一般入試　非公表
出題形態：ペーパーテスト
面　　接：保護者・志願者
出題領域：ペーパーテスト（お話の記憶・言語・常識・数量・図形など）、運動、行動観察（制作を含む）

入試対策

当校の入学考査の特徴は、ペーパーテストの出題分野が広いことです。ほとんどは基礎的な内容ですから、各分野の基本となる部分をしっかり学習しておきましょう。また、常識分野など、机上の学習だけではなく、生活から学ぶことも数多く出題されています。社会のルールやマナーから、ふだん目にする自然・生きものまで、機会を逃さず知識を身に付けるよう指導してください。

- ●ペーパーテストは、幅広い範囲から出題されます。また、出題される分野にはあまり変化がありませんから、過去問には必ず目を通し、出題分野の理解を深めておきましょう。
- ●例年、生活常識を問われる問題が出題されています。日頃から、自分のことをどれだけ自分でしているか、ご家庭での躾も出題の観点となってます。
- ●親子面接は、考査日より前の、指定された日時で実施されています。例年親子関係や生活習慣などを問われています。事前に願書が深く読み込まれており、ご家庭ごとに異なる質問がなされたようです。家庭内で意思疎通ができるように、ふだんからお子さまを交えてよく話し合うようにしてください。

必要とされる力　ベスト6

チャートで早わかり！

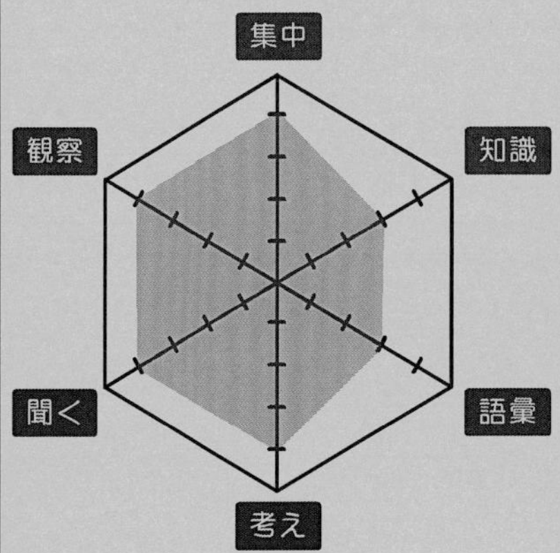

特に求められた力を集計し、左図にまとめました。
下図は各アイコンの説明です。

アイコンの説明	
集中	集　中　力…他のことに惑わされず１つのことに注意を向けて取り組む力
観察	観　察　力…２つのものの違いや詳細な部分に気付く力
聞く	聞　く　力…複雑な指示や長いお話を理解する力
考え	考える力…「～だから～だ」という思考ができる力
話す	話　す　力…自分の意志を伝え、人の意図を理解する力
語彙	語　彙　力…年齢相応の言葉を知っている力
創造	創　造　力…表現する力
公衆	公衆道徳…公衆場面におけるマナー、生活知識
知識	知　　　識…動植物、季節、一般常識の知識
協調	協　調　性…集団行動の中で、積極的かつ他人を思いやって行動する力

※各「力」の詳しい学習方法などは、ホームページに掲載してありますのでご覧ください。http://www.nichigaku.jp

「立命館小学校」について

〈合格のためのアドバイス〉

当校は、小学校、中学校、高等学校の12年間を発達段階に分けた、4・4・4制による一貫教育の教育システムを導入しています。また､「モジュールタイム」「辞書引き学習法」などの最先端の教育プログラムを行っています。その点が高評価を得て、志願者を多く集める難関校の1つとなっています。

面接では、多くの記入欄が設けられた願書の内容から主に質問されています。願書に書いた内容を、「話す」という手段で伝えることが課題とも言えます。記入したこと以外のことも問われている場合があるようなので、内容を一致させるためには、受験のためということではなく、日頃から保護者としての責任や教育方針などを話し合っておく必要があります。それに基づいた子どもへの教育、躾の実践が大切です。また、面接では保護者が質問されている時の、お子さまの姿勢も観られています。お子さまとも、学習をするということ、面接をするということについて、掘り下げた話し合いをするよう心がけてください。

ペーパーテストは、お話の記憶、言語、常識、数量、図形など幅広い分野から出題されます。説明を聞く力、理解する力、よく考える力が求められています。説明されたことの意図をすばやく理解し、適切な行動に移せるようになることを目標に、日々の学習を進めてください。そのためには、机上の学習で得た知識を体験・映像資料などで補強することと、考えて行動することを心がけてください。

〈2020年度選考〉

◆面接
（考査日前に実施／保護者・志願者／約20分）
◆ペーパーテスト：お話の記憶、言語、常識、数量、
図形　など
◆行動観察：スモックの着脱、線をなぞるなど
◆運動：玉入れ、クマ歩き、クモ歩き、風船突き

◇過去の応募状況

2020年度
プライマリー：男女計197名
一般：　非公表
2019年度
プライマリー：男女計 185名
一般：　非公表

〈面接テストの質問例〉

保護者
・志望動機をお聞かせください。
・ご両親の教育方針をお聞かせください。
・一貫教育についてのお考えをお聞かせください。
・4・4・4制についてどうお考えですか。
・見学された他の小学校と比べて、当校のよいところはどこですか。
・子育てをしていて、難しいところはどこですか。

お子さま
・名前と誕生日を教えてください。
・どんなお手伝いをしますか。お手伝いをした時、ほめてもらえますか。
・幼稚園では、何をして遊びますか。
・今、何をがんばっていますか。

入試のチェックポイント

◇受験番号は…「生年月日順」
◇生まれ月の考慮…「なし」

洛南高等学校附属小学校
立命館小学校
過去問題集

〈はじめに〉

現在、少子化が叫ばれているにもかかわらず、私立・国立小学校の入学試験には一定の応募者があります。入試は、ただやみくもに学習するだけでは成果を得ることはできません。志望校の過去における出題傾向を研究・把握した上で、練習を進めていくこと、その上で試験までに志願者の不得意分野を克服していくことが必須条件です。そこで、本問題集は小学校を受験される方々に、志望校の出題傾向をより詳しく知って頂くために、過去に遡り出題頻度の高い問題を結集いたしました。最新のデータを含む精選された過去問題集で実力をお付けください。

また、志望校の選択には弊社発行の「**2021年度版　近畿圏・愛知県　国立・私立小学校　進学のてびき**」をぜひ参考になさってください。

〈本書ご使用方法〉

◆出題者は出題前に一度問題を通読し、出題内容などを把握した上で、〈準　備〉の欄に表記してあるものを用意してから始めてください。
◆お子さまに絵の頁を渡し、出題者が問題文を読む形式で出題してください。問題を読んだ後で、絵の頁を渡す問題もありますのでご注意ください。
◆「**分野**」は、問題の分野を表しています。弊社の問題集の分野に対応していますので、復習の際の目安にお役立てください。
◆問題番号右端のアイコンは、各問題に必要な力を表しています。詳しくは、アドバイス頁（ピンク色の紙１枚目下部）をご覧ください。
◆一部の描画や工作、常識等の問題については、解答が省略されているものがあります。お子さまの答えが成り立つか、出題者が各自でご判断ください。
◆〈時　間〉につきましては、目安とお考えください。
◆解答右端の［**○年度**］は、問題の出題年度です。［**2020年度**］は、「2019年の秋から冬にかけて行われた2020年度入学志望者向けの考査で出題された問題」という意味です。
◆**学習のポイント**は、指導の際にご参考にしてください。
◆**【おすすめ問題集】**は各問題の基礎力養成や実力アップにお役立てください。

〈本書ご使用にあたっての注意点〉

◆文中に**この問題の絵は縦に使用してください。**と記載してある問題の絵は縦にしてお使いください。
◆〈準　備〉の欄で、クレヨンと表記してある場合は12色程度のものを、画用紙と表記してある場合は白い画用紙をご用意ください。
◆文中に**この問題の絵はありません。**と記載してある問題には絵の頁がありませんので、ご注意ください。なお、問題の絵の右上にある番号が連番でなくても、中央下の頁番号が連番の場合は落丁ではありません。
下記一覧表の●が付いている問題は絵がありません。

問題１	問題２	問題３	問題４	問題５	問題６	問題７	問題８	問題９	問題10
		●							
問題11	問題12	問題13	問題14	問題15	問題16	問題17	問題18	問題19	問題20
						●	●	●	
問題21	問題22	問題23	問題24	問題25	問題26	問題27	問題28	問題29	問題30
問題31	問題32	問題33	問題34	問題35	問題36	問題37	問題38	問題39	問題40
●									

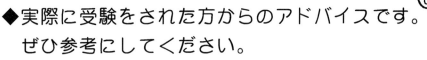

(得) 先輩ママたちの声！

◆実際に受験をされた方からのアドバイスです。
ぜひ参考にしてください。

洛南高等学校附属小学校

・試験当日、保護者に作文が出されましたが、課題が難しく、時間内に考えをまとめるのは大変でした。ふだんから子どもの教育について、しっかり考えて書き留めておけばよいと思います。

・保護者の面接には、「なぜ洛南を受験したか、なぜ中学・高校でなく小学校に入学したいのか」というテーマの作文を持参して臨みました。事前に学校について調べ、教育方針や一貫教育についてきちんと理解している家庭を求めているのだと感じたからです。

・きちんと勉強させたつもりでしたが、それでも子どもは「難しかった」と言っていました。試験対策はしっかり取っておいた方がよさそうです。

立命館小学校

・親子の関係や家庭での教育理念を具体的に聞かれました。試験対策としてだけでなく、早い段階から子育てに対する話し合いや取り組みをしていて、本当によかったと思いました。

・考査は約４時間近くありました。最後まで集中して取り組むことができるように早めの対策を心がけていたので、心に余裕をもって送り出すことができました。

・試験の分野が幅広いので、子どもがもっと興味を持ってくれるように、いろいろなことを体験させ、学習に結び付けるということを、もっと早い段階からすればよかったと思いました。

〈洛南高等学校附属小学校〉

※問題を始める前に、本文１頁の「本書ご使用方法」「ご使用にあたっての注意点」をご覧ください。
※本校の考査は、鉛筆を使用します。間違えた場合は消しゴムで消し、正しい答えを書くよう指導してください。

保護者の方は、別紙の「家庭学習ガイド」「合格ためのアドバイス」を先にお読みください。
当校の対策および学習を進めていく上で、役立つ内容です。ぜひ、ご覧ください。

2020年度の最新問題

問題１　分野：お話の記憶

聞く　公衆

〈準備〉　鉛筆、消しゴム

〈問題〉　**この問題の絵は縦に使用してください。**
お話をよく聞いて、後の質問に答えてください。
先生がお昼休みに、イヌ君とサル君とゾウ君とウマ君とウサギ君に「みんな集まって」と呼びかけました。「はーい」と言って、みんな先生の周りに集まりました。すると先生はみんなに向かって「リーダーって知っている？」と聞きました。ウサギ君は「順番に並べる人じゃない」と言いました。ゾウ君は「力持ちの人でしょう」と言いました。イヌ君は「先生の言うことを、よく聞く人のこと」と言いました。ウマ君は「先に立って、みんなを導く人のことだよね」と言いました。そしてサル君は「色々なことを考える人でしょう」と、みんな口々にリーダーについて言い合いました。先生が突然「ここにくだものと野菜があるから、水に浮くもの沈むものの実験をしましょう」と提案しました。みんなは机の上に、ニンジンやジャガイモ、ナス、キュウリ、ピーマン、カボチャ、ブドウ、スイカ、バナナ、メロン、リンゴがあることに気が付きました。するとゾウ君は思わずジャガイモを食べてしまいました。イヌ君が「食べてはいけないよ。ねえ先生」と言うと、ゾウ君は「土の中にできるものだから、食べてもいいと思ったよ」と言いました。ウマ君が「じゃあ早速実験を始めようよ」と言いました。ウサギ君が「まずはどうしようか」と言うと、サル君が「ゾウくん、大きなバケツ２つに水をたくさん入れて持ってきて」と偉そうに言いました。ゾウ君がバケツに水を汲んで持ってくると、ウマ君が「さあ、水に入れていくよ」と言って、野菜やくだものを水に入れていきました。するとゾウくんが浮いているくだものの１つを食べてしまいました。食べたくだものは、秋から冬にできるものです。それを見てイヌ君が「あ～、また食べた。勝手に食べたらいけないんだよ、ねえ先生」と言いました。実験が終わるとイヌ君が「くだもので遊ぼうよ」と言いました。ウサギ君が「どうするの」とたずねると、サル君は「ウサギ君、タオルとざるを持ってきて」と言いました。するとウマ君が「食べもので遊ぶのはよくないよ。さあ、片付けよう」と言いました。

（問題１の絵を渡す）
①ゾウ君が持ってきたバケツは、何個でしたか。その数だけ、○を書いてください。
②水の中に入れた野菜は、何個ですか。その数だけ、○を書いてください。
③この実験で水に沈んだものは、どれですか。○をつけてください。
④ゾウ君が食べたくだものはどれですか。○をつけてください。
⑤サル君がウサギ君に持ってくるように言ったものはどれですか。○をつけてください。
⑥１番リーダーらしかったのは、誰ですか。○をつけてください。

〈時間〉　各15秒

〈解答〉　①○：２　②○：５　③ニンジン　④リンゴ　⑤タオル・ザル　⑥ウマ

［2020年度出題］

学習のポイント

登場人物が多く、様々な行動・発言をするので複雑なお話になっています。また、「リーダー」という言葉の意味を知っていないと正解できない、「～個ある」と数を直接言わない数量の問題があるなど、小学校受験の範囲を超えた設問もあります。合格を目指すならそれがよいか悪いかを考えても仕方がないので、割り切って対応していきましょう。とにかくどんどん登場人物とその行動が話されるので、その場面のイメージを描きながらお話を聞く習慣をまずは付けてください。イメージすることによって情報を整理し、覚えやすくするのです。もちろん、聞いたお話のイメージ化はすぐにできるというものではありません。最初は１つの言葉から始め、次に動作をつけ、最後にセリフを付けられるようにしましょう。例えば、「ゾウがいる」→「ゾウがバケツを５つ持って来た」→「『重いよ～』と言いながらゾウがバケツを５つ持って来た」といった形です。このイメージ化を繰り返せば、１つのお話が自然と頭に入り、ひねった設問にも対応できるようになります。

【おすすめ問題集】

１話５分の読み聞かせお話集①・②、お話の記憶 初級編・中級編・上級編、
Ｊｒ・ウォッチャー19「お話の記憶」、27「理科」、34「季節」、55「理科②」

問題２　分野：複合（言語・常識）

聞く　集中

〈問題〉　鉛筆、消しゴム

〈問題〉　①お母さんが「誰かお買いものに行ってちょうだい」と言いました。
男の子は「今日はカレーがいいな」と言いました。
女の子は「トイレットペーパーは、買わないでいいの」と言いました。
おじいさんは「あと５分だけ待って」と言いました。
おばあさんは「お父さんはどこに行ったの」と言いました。
正しく返事をした人に、○をつけてください。
②お母さんが「私のお財布、知らない」と言いました。
男の子は「テレビの前にあるよ」と言いました。
女の子は「さっきたくさん使っちゃったよ」と言いました。
おじいさんは「知っているよ」と言いました。
おばあさんは「買いものにはもう行ったのかい」と言いました。
正しく返事をした人に、○をつけてください。
③お父さんが「誰か一緒に魚釣りに行こうよ」と言いました。
男の子は「魚はスーパーで買えばいいんだよ」と言いました。
女の子は「面白そうだね」と言いました。
おじいさんは「釣れるといいね」と言いました。
おばあさんは「お母さんが探していたよ」と言いました。
正しく返事をした人に、○をつけてください。
④お父さんが、釣り針でケガをしました。
男の子は「今日のお刺身だ」と言いました。
女の子は「楽しかった」と言いました。
おじいさんは「救急車を呼んであげよう」と言いました。
おばあさんは「手当をしてあげよう」と言いました。
正しく返事をした人に、○をつけてください

〈時間〉　各10秒

〈解答〉　①おじいさん　②男の子　③女の子　④おばあさん

［2020年度出題］

学習のポイント

当校で例年出題されている、４つの発言の中から正しいものを選ぶ問題です。昨年までは絵を見て、その説明として正しい発言を選ぶという形でしたが、今回は発言に対して違和感のない返答を選ぶという形に変わっています。会話の流れ的におかしくないかを選ぶのですから、常識というよりは会話の経験の方が必要な問題と言えるでしょう。その意味では、ふだんから家庭で学校でどれだけコミュニケーションをとっているかを観点としている問題とも言えます。取り上げられているのは特別なシチュエーションで交わされている会話ではないだけに、これといって対策となるような学習法はありません。家庭だけではなく、様々な場所で、様々な人と会話を交わすという経験を積むしかないでしょう。なお、②のおじいさんの「（財布の場所を知らない？に対して）知っているよ」、③男の子の「（誰か魚釣りに行こうよ。に対して）魚はスーパーで売っているよ」というやり取りは成り立たなくもないのですが、ユーモアにしろ嫌味にしろお子さまにとっては難しいやり取りなってしまうので正解としていません。おそらく学校もそう考えているのではないかと思われます。

【おすすめ問題集】

１話５分の読み聞かせお話集①・②、お話の記憶 初級編・中級編・上級編

問題３ 分野：生活巧緻性

聞く

〈準 備〉 鉛筆、消しゴム、ノート、筆箱

〈問 題〉 **この問題の絵はありません。**

今から言うことをしてください。筆箱から鉛筆と消しゴムを出します。鉛筆と消しゴムは机の右上に置き、筆箱は机の中に片付けましょう。ノートを開いて、机の真ん中に置きましょう。

〈時 間〉 ２分

〈解 答〉 省略

［2020年度出題］

学習のポイント

生活巧緻性の課題です。課題の１つひとつはそれほど難しいものではありませんが、制限時間がある中で、いくつかの作業を連続して行うのですから慌ててしまうお子さまもいるでしょう。こういった課題でよく見られるのが、日常では無難に行えることでも緊張してあわてたり、考えられない失敗をしてしまうお子さまです。こういったお子さまには「きちんとやりなさい」というような結果を求める言葉をかけると、さらにプレッシャーを感じてしまいます。萎縮して、さらに失敗を重ねるといった傾向のあるお子さまには「指示を聞く」「全体の流れを自分なりに把握する」「１つひとつを確実に行う」といったように課題への対応をテーマごとに切り分けて指導をしてみましょう。多少は改善されるはずです。

【おすすめ問題集】

Ｊｒ・25「生活巧緻性」、29「行動観察」

問題4　分野：推理（系列）

語彙　知識

〈準備〉　鉛筆、消しゴム

〈問題〉　（問題４の絵を渡す）

①②

上の段の四角に入るものは何ですか。四角にあてはまる記号を書いてください。下の段も同じように答えてください。

〈時間〉　各15秒

〈解答〉　下図参照

①

○○△○○△○○△○○△○○△

②

●▲△○▼▽●▲△○▼▽●▲△

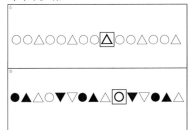

［2020年度出題］

学習のポイント

当校の推理分野では、シンプルな問題が数多く出題されています。１つひとつの問題はそれほど難しくはないので、基礎問題を数多く練習しておきましょう。充分対応できるはずです。系列は並び方の法則を見つけるための思考力が観点です。ハウツーとして、同じ記号や絵を探してそれぞれ別の指で押さえ、その指の間隔を保ったまま、空欄になっている部分、一方の指を移動させて解答を導くという方法がありますが、本校の入試でこれを使って答えを出してもあまり意味がありません。②のように複雑な系列、系列自体が観覧車のように円形になっているようなものには通用しないから、というのも１つの理由ですが、最大の理由は、ハウツーで正解しても当校で将来行う学習につながらないということです。

【おすすめ問題集】

Ｊｒ・ウォッチャー６「系列」

家庭学習のコツ①　「先輩ママのアドバイス」を読みましょう！

本書冒頭の「先輩ママのアドバイス」には、実際に試験を経験された方の貴重なお話が掲載されています。対策学習への取り組み方だけでなく、試験場の雰囲気や会場での過ごし方、お子さまの健康管理、家庭学習の方法など、さまざまなことがらについてのアドバイスもあります。先輩ママの体験談、アドバイスに学び、ステップアップを図りましょう！

〈準備〉　鉛筆、消しゴム

〈問題〉　（問題５－１の絵を見せる）
①左の四角を見てください。矢印から矢印まで迷路を進みますが、今のままでは行けません。１ヶ所だけ壁を壊して、行ける迷路にします。どの壁を壊せば行けますか。その壁に○をつけてください。
（問題５－２の絵を見せる）
②上と下の絵で違うところを見つけて、下の絵に○をつけてください。

〈時間〉　各30秒

〈解答〉　下図参照

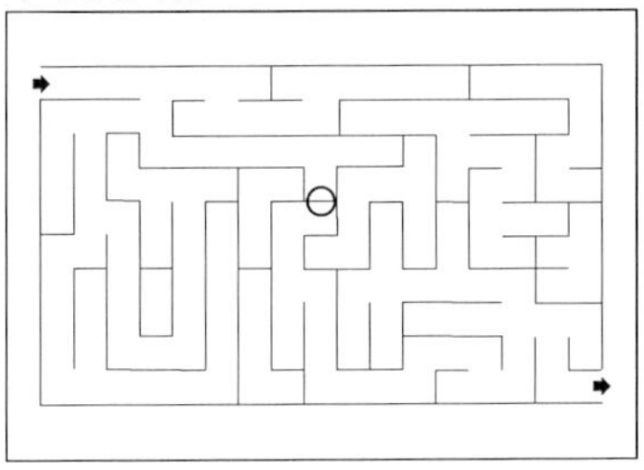

［2020年度出題］

学習のポイント

①は迷路の壁を１ヶ所壊して、新しいゴールへのルートを作るというあまり見かけない問題です。勘のよいお子さまなら「スタートとゴールの両方からルートを探し、共通の邪魔になる壁を探す」という考え方を自然にするかもしれません。その方がスマートなのは確かですが、スタートから順を追って考え、「この壁がなければゴールにたどり着く」ルートを見つける、という考え方でもかまいません。多少時間はかかりますが、答えは同じです。②は、間違い探しの問題です。観察力が必要な問題と言えるでしょう。観察の基本は、「全体から細部」です。この問題なら、まず全体を見渡して大きな違い（人そのものや位置が変わっているなど）を探し、次に１つひとつの「部品」の違い（ポーズ、服装などの特徴の違い）を探すというやり方がおすすめです。余談ですが、人間の習性として、右利きの場合は左から、左利きの場合は右から見ていくと、見逃しが減るそうです。試してみてください。

【おすすめ問題集】
Ｊｒ・ウォッチャー７「迷路」、31「推理思考」

家庭学習のコツ②　**「家庭学習ガイド」はママの味方！**

問題演習を始める前に、試験の概要をまとめた「家庭学習ガイド（本書カラーページに掲載）」を読みましょう。「家庭学習ガイド」には、応募者数や試験課目の詳細のほか、学習を進める上で重要な情報が掲載されています。それらの情報で入試の傾向をつかみ、学習の方針を立ててから、対策学習を始めてください。

問題6　分野：図形（鏡図形）

観察　集中

〈準　備〉　鉛筆、消しゴム

〈問　題〉　鏡が絵のように２枚つながっています。それに黒い「Ｒ」を、絵のように置きました。足跡マークから見ると「？」マークの鏡には、どのように映りますか。○をつけてください。

〈時　間〉　１分

〈解　答〉　下図参照

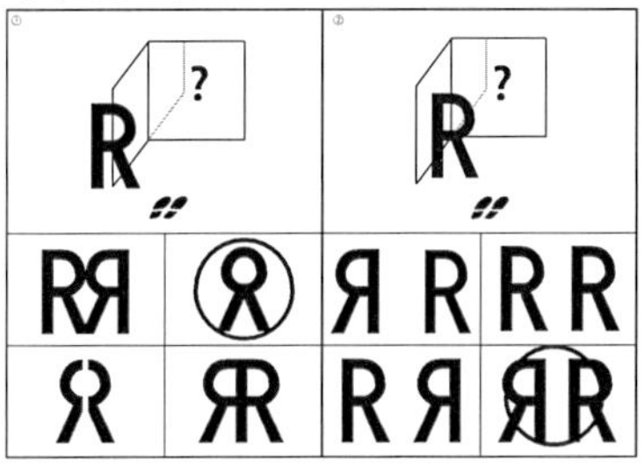

［2020年度出題］

学習のポイント

鏡図形の問題です。最終的に鏡に映るのは「見る人の正面の鏡にストレートに映る『Ｒ』」と「見る人に垂直に立てられた鏡に映ったものが反射して正面の鏡に映った『Ｒ』」が合成されたものです。この２つを同時に考えると混乱しそうなので、切り分けて考えましょう。わかりやすいので「見る人の正面の鏡にストレートに映る『Ｒ』」から考えます。結果から言えば、鏡の同じ位置に左右が反転したものが映るだけなので、当てはまらない選択肢を消去できます。②なら上段右と下段左の選択肢が消せるということです。次に「見る人に垂直に立てられた…」について考えます。こちらは２回反射するので結果的に「元の画像が左右逆の位置」に映ります。残った選択肢に矛盾はないので２つの文字の位置関係で最終的に判断します。左上の選択肢は文字の間隔が大きすぎるので、解答は右下の選択肢ということになるわけです。小学校受験としてはかなり複雑な思考を要求されていますから、必ずしも正解しなくてはならない問題ではないのかもしれません。お子さまが答えに納得しないようなら実験して確認してください。

【おすすめ問題集】

Ｊｒ・ウォッチャー８「対称」、48「鏡図形」

家庭学習のコツ③　効果的な学習方法～問題集を通読する

過去問題集を始めるにあたり、いきなり問題に取り組んではいませんか？　それでは本書を有効活用しているとは言えません。まず、保護者の方が、すべてを一通り読み、当校の傾向、ポイント、問題のアドバイスを頭に入れてください。そうすることにより、保護者の方の指導力がアップします。また、日常生活のさまざまなことから、保護者の方自身が「作問」することができるようになっていきます。

問題7　分野：言語（言葉の音）

知識　考え

〈準備〉　鉛筆、消しゴム

〈問題〉　上の四角を見てください。☆の音をつなげます。これは「くるま」となります。では、下のものは何になりますか。①と②、それぞれの下の絵に○をつけてください。

〈時間〉　各15秒

〈解答〉　①○：カエル　②○：スズムシ

［2020年度出題］

学習のポイント

言葉の音に関する出題ですが、内容は難しいものではありません。解き方は、☆の言葉の音を並べて言葉を考え当てはまるものを選択肢から探す、という単純なものです。①の場合、☆の音（「か」と「え」と「る」）から考えられる言葉は「かえる」しかないので「かえる」を選ぶということになります。②も同様です。絵になっている言葉はそれほど難しくないので、答えもスムーズに出てきてほしいところです。なお、小学校受験ではこうした「言葉の音（おん）」について出題されることが多くなっているので、生活の中に話す機会を持つようにしましょう。他愛ない話であってもかまいません。お子さまにとって「言葉の音」について学ぶ機会は、実際に人と話すこと、話を聞くことにしかありません。

【おすすめ問題集】

Ｊｒ・ウォッチャー17「言葉の音遊び」、18「いろいろな言葉」、
60「言葉の音（おん）」

問題8　分野：図形（四方からの観察）

集中　観察

〈準備〉　鉛筆、消しゴム

〈問題〉　**この問題の絵は縦に使用してください。**
（問題８の絵を渡し）
上の段の左の四角を見てください。積木を矢印の方向から見ると、どのように見えますか。右の四角から選んで○をつけてください。下の段も同じように答えてください。

〈時間〉　各30秒

〈解答〉　①上段右　②○：下段左

［2020年度出題］

学習のポイント

まず、こうした問題のイラストについてです。描いてある積み木を厳密に真横から見るというのはなかなか難しいので、実際とイラストでは見た目に違うことが多いと思います。例えば、実物の積み木は少しでも角度が付いてしまうと奥行きの線が出たり、光の加減で陰影ができてしまったりするのです。慣れればどうと言うことはありませんが、お子さまが気にするようであれば、「問題の約束事として、そのように表している」と説明してください。また、積み木を実際に積んでみないと実感できないタイプの問題ですから、答え合わせをするなら、積み木を使ってください。お子さまも納得しやすいはずです。この問題、当校の問題としてはかなりわかりやすいものです。合格しようと思えば、取りこぼしのでできない問題ですから、慎重かつ正確に答えてください。

【おすすめ問題集】
Ｊｒ・ウォッチャー10「四方からの観察」、53「四方からの観察　積み木編」

問題9　分野：図形（模写）

観察　集中

〈準備〉　鉛筆、消しゴム

〈問題〉　**この問題の絵は縦に使用してください。**
左のお手本と同じになるように線を引きましょう。

〈時間〉　40秒

〈解答〉　省略

[2020年度出題]

学習のポイント

この種の問題では、わかる・わからないを問うのではなく、正確な作業ができたかどうかが問われます。時間の制限もありますから、スピードも要求されています。線を書き始める位置や、書き終わる位置を間違えてしまうような単純なミスに注意しましょう。保護者の方は、お子さまが書いた線が濃すぎたり薄すぎたりしていないかもチェックしてください。線が少々歪んでいてもかまいませんが、線自体が見にくいとさすがに減点されます。また当校では、消しゴムが準備されていますが、これを何度も使うと時間内に作業が終わらなくなります。繰り返しになりますが、正確な作業が観点です。見栄えのよさではないということをお子さまに伝えておきましょう。

【おすすめ問題集】
Ｊｒ・ウォッチャー１「点・線図形」、51「運筆①」、52「運筆②」

問題10　分野：推理（位置の移動）

観察　考え

〈準備〉　鉛筆、消しゴム

〈問題〉　（問題10の絵を渡し）
イヌが鎖につながれています。線は柵です。イヌが動けるところを黒で表しているのはどれですか。○をつけてください。

〈時間〉　各1分

〈解答〉　①○：下段右　②○：下段左

［2020年度出題］

学習のポイント

当校では例年、推理分野で思考力を問う出題が見られます。こうした問題では、答えを出すだけでなく、なぜそういう答えになるのかも考えておきましょう。答えの根拠があやふやだと結果として間違っている場合が多いからです。①なら「鎖が直線になっている時のイヌは鎖の根元から１番遠いはず」ということに気付いて、「その１番遠い点を並べたのが正解（の範囲）」と考えるわけです。同時に「鎖の長さ＝（選択肢の図形の）円の半径、辺の長さ」ということがわかれば、答えは自然とわかります。よくわからないからと言って、直感で答えるのはやめてください。「なんとなく正解」しても確かに点数は同じですが、次の問題につながる学習にはなりません。

【おすすめ問題集】
Ｊｒ・ウォッチャー31「推理思考」

問題11　分野：数量（見えない数）

集中　考え

〈準備〉　鉛筆、消しゴム

〈問題〉　①△が３個あります。○は△より２個多くあります。○はいくつですか。その数だけに四角に○を書いてください。
②△を合わせて11にするには、あといくついりますか。その数だけに四角に○を書いてください。
③△は□より３つ少ないです。□はいくつですか。その数だけに四角に○を書いてください。
④△は○より１つ多くあります。△と○を合わせると５個です。○はいくありますか。その数だけに四角に○を書いてください。

〈時間〉　30秒

〈解答〉　①○：５　②○：３　③○：10　④○：２

［2020年度出題］

学習のポイント

「見えない数」の問題です。当校の入試では「～は～よりいくつ多い」「たすと（合わせる）と～つになるもの」といった条件から、元の数を考えるという形で出題されます。この問題、保護者の方が見れば、簡単な方程式の問題であることがすぐにわかるでしょう。①なら、「○（５）＝？＋△（３）」ということになります。お子さまは数字ではなく、○△□をその数だけイメージしながら考えます。△を３つ思い浮かべ、次にそれより２つ多い○を思い浮かべるのです。指示の途中で「△が３つ」と言われれば、△を３つ書いてもかまいません。こういった問題では何よりも混乱しないことが重要でしょう。計算の途中で11以上の数が出てくること、②③のように実際に多い・少ない記号と答える記号が違う（△の数を○で答える）といった意地の悪いところが本校らしい問題です。

【おすすめ問題集】
Ｊｒ・ウォッチャー38「たし算・ひき算1」、39「たし算・ひき算2」、41「数の構成」、44「見えない数」

問題12　分野：常識（仲間探し）

考え　知識

〈準　備〉　鉛筆、消しゴム

〈問　題〉　左端のものと同じ仲間のものを見つけて、○をつけてください。

〈時　間〉　各30秒

〈解　答〉　①○：チョウ　②○：ウマ

［2020年度出題］

学習のポイント

仲間さがしと言ってもここでは生きものの分類についてのみの出題ですから、お子さまには考えやすいかもしれません。魚類・鳥類などと言うとお子さまには難しく聞こえるので、「鳥の仲間」「魚の仲間」でかまいません。大まかにそれを教えた上で、「コウモリ（飛ぶ哺乳類）」「ペンギン・ダチョウ（飛べない鳥）」といった勘違いしやすいものを押さえておくようにしてください。ほとんどの問題に対応できるようになります。生態についての共通項を聞くこともありますが、棲んでいる場所や餌についてといったお子さまの興味と重なる部分が多いので、特に対策をしておくことはないでしょう。動画や図鑑を眺めていれば自然に頭に入ることです。

【おすすめ問題集】
Ｊｒ・ウォッチャー11「いろいろな仲間」、27「理科」、55「理科②」

問題13　分野：言語（しりとり）

考え　語彙

〈準　備〉　鉛筆、消しゴム

〈問　題〉　５つの絵を、しりとりで全部つなげます。１番はじめのものに、○をつけてください。

〈時　間〉　30秒

〈解　答〉　①○：ネコ（→コマ→マスク→クジラ→ライオン）
②○：スシ（→シカ→カサ→サメ→メロン）
③○：クツ（→ツミキ→キツネ→ネクタイ→イチゴ）
④○：ドングリ（→リス→スズメ→メガネ→ネズミ）

［2020年度出題］

学習のポイント

しりとりの問題です。ルールが簡単なしりとりは、言葉を覚えるだけでなく、「～の音で終わる言葉」などで言葉の音を意識できる、という意味でも効率のよい学習になります。ほかにも同頭音探し（名前の最初が同じ音で始まる言葉）や同尾音探し（語尾が同じ音で終わる言葉）といった言葉遊びがありますから、お子さまの語彙を考えながら、必要に応じて取り入れるようにしてください。自分でしりとりの順番を考える点が少し難しいかもしれません。①なら「マスク→クジラ…」といった形で、左から試していくほかないでしょうが、つながる言葉がなければすぐ次の言葉を試すという切り替えの速さで対応してください。描いてあるものに特に難しいものはありません。判断力と答えの精度が重要な問題ということになります。

【おすすめ問題集】
Ｊｒ・ウォッチャー17「言葉の音遊び」、18「いろいろな言葉」、
49「しりとり」、60「言葉の音（おん）」

問題14　分野：推理（比較）

集中　聞く

〈準　備〉　鉛筆、消しゴム

〈問　題〉　長い方から２番目の棒に、○をつけてください。

〈時　間〉　各10秒

〈解　答〉　下記参照

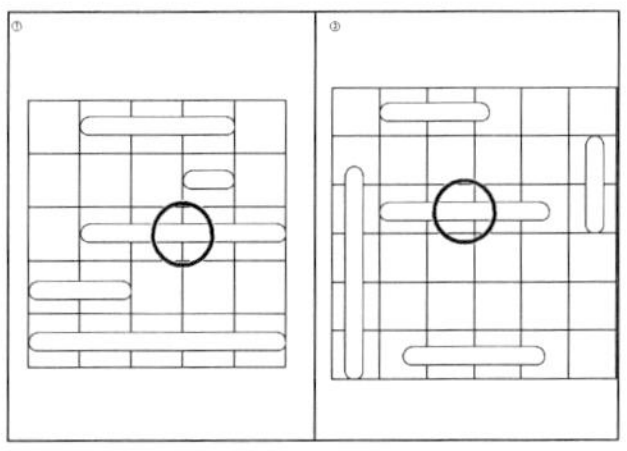

［2020年度出題］

学習のポイント

当校の問題は今回の入試から明らかに簡単になっています。この問題などはその代表例であり、正直言ってあまり解説すべきことはありません。さすがに棒を同じ方向に並べてはありませんが、マス目の幅を参考にして大体の長さを測り、頭の中で順番に並べれば答えは出るはずです。つまり、答えは簡単に出るので、評価するとすれば答えの正確さしかなくなるというわけです。当校のこれまでの入試問題のレベルを考えれば、この問題を間違える志願者も、解答時間内に答えられないという志願者もいないでしょう。そういった問題を間違えるとなると、入試に臨む姿勢自体を疑われかねません。「本気で試験に臨んでいるのか？」と疑問を持たれたくないなら、絶対に間違えてはいけない問題ということになります。

【おすすめ問題集】
Ｊｒ・ウォッチャー15「比較」、58「比較②」

問題15　分野：常識（理科）

知識

〈準備〉　鉛筆、消しゴム

〈問題〉　（問題15の絵を渡す）
上と下で関係のあるものを、線で結びましょう。

〈時間〉　各15秒

〈解答〉　下図参照

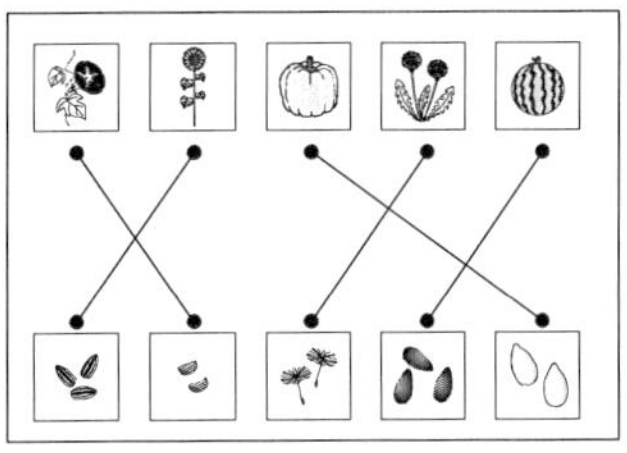

［2020年度出題］

学習のポイント

問題12と同じく、理科分野の常識問題です。当校では例年、動植物の生態や特徴についての問題が出題されています。動物の場合は、卵から産まれるもの、卵の形、子ども（幼生）時代の特徴、生息場所。植物の場合は、花の名前、種や葉の形、実が育つ場所など。深く知る必要はありませんが、基本的なことは整理しておきましょう。図鑑や映像資料などを使って覚えることが多いと思いますが、その際には、「知る・覚える・理解する」だけでなく、特徴的な部分に注目して「区別できる」ようにしてください。実際の試験では、イラストではなく写真が提示されます。写真はイラストのように特徴が誇張されないので区別するのが難しいかもしれません。チョウの羽の模様、動物の毛皮の模様、葉の形、花の色などはその一例です。本問を解いたあとの復習の際にも、図鑑などの写真を使うことをおすすめします。

【おすすめ問題集】
Ｊｒ・ウォッチャー27「理科」、55「理科②」

問題16　分野：複合（推理・図形）

観察　考え

〈準備〉　鉛筆、消しゴム

〈問題〉　灰色のところは、マス目の何個分の広さですか。その数だけ、下の四角に○を書きましょう。

〈時間〉　30秒

〈解答〉　①○：8　②○：10

［2020年度出題］

学習のポイント

考え方としては、図形パズルの１つのピースとして、マス目で区切られた形を考えます。①はわかりやすく、三角形２つで四角形１つになります。三角形の半分の数が四角形の数、「広さ」ということになるわけです。問題はこの発想ができるかどうかです。実物が与えられているならともかく、絵を見ただけでは難しいかもしれません。これまで、どれだけこういった問題を解いてきたか、実物を扱う経験をしてきたが問われます。②はマス目で区切られた３種類の形を組み合わせて、１つのマス目に合成するという解き方になります。見た目は派手ではありませんが、本校らしい「考えさせる」問題と言えます。試験では時間内に答える必要がありますが、家庭学習ではそんな必要はありません。余計な口出しをせず、お子さまにじっくり考えさせてください。

【おすすめ問題集】
Ｊｒ・ウォッチャー３「パズル」、45「図形分割」、54「図形の構成」

問題17　分野：運動テスト

聞く　考え

〈問題〉　**この問題の絵はありません。**

①行進…………先生の後ろに付いて歩く。（半円を描くように歩く。速く歩いたり、とても遅く歩いたりする）
②スキップ………テープの上をスキップで進み、端まで行ったら列の後ろに戻る。
③ケンケンパー…最初のケンケンを右足でしたら、次のケンケンは左足でする。このように足を変えてケンケンパーをする。
④ギャロップ……ギャロップで行き、ギャロップで戻る。
⑤ボール…………ボールを上に投げて１回手を叩いてキャッチする。２回繰り返して、終わったら先生にボールを渡し、後ろに並ぶ。

〈時間〉　適宜

〈解答〉　省略

［2020年度出題］

学習のポイント

基本的な動作を集めた内容で、年齢相応の身体能力があれば、特に難しいものはありません。しっかりと指示を聞き、ふざけることなく集中して取り組みましょう。運動テストは、その動作ができればそれでよいという試験ではなく、まじめに取り組んでいるか、指示通り行動できているか、失敗しても諦めずに続けるかなど、お子さまの性格や態度を観るための試験でもあります。それらは日常生活において培われる能力・資質ですので、意識してふだんの生活や指導を行うようにしてください。なお、待機中の態度や姿勢も観察されています。待つことも含めての試験であることをお子さまに理解させ、おしゃべりをしたり指定の場所を離れたりすることのないように注意してください。

【おすすめ問題集】
　Ｊｒ・ウォッチャー28「運動」、29「行動観察」

問題18　分野：保護者面接　聞く

〈準備〉　なし

〈問題〉　**この問題の絵はありません。**

・子どもの受験番号、氏名、生年月日を言ってください。
・本校を知ったきっかけと志望理由について教えてください。
・本校への通学経路と所要時間について教えてください。
・子どもが自分たちより優れている点を１つ教えてください。
・夏休みに思い出に残っていることを話してください。
・交通のルールやマナーについてどのように教えていますか。
・習い事はどんなことをしていますか。
・学校でトラブルを起こした場合はどうしますか。
・将来、お子さまにはどのようになってほしいですか。
　また本校はお役に立てるでしょうか。
・学校にはさまざまな人がいますが、子ども同士でいさかいがあった時はどうしますか。
・お１人で通学することになりますが、大丈夫でしょうか。
・ご親族に洛南出身者はおられますか。
　（その返答に対して、以下のような質問がある）
・お姉ちゃんは楽しんで通われておりますか。正直にお答えください。
・高校３年間で楽しかったことと辛かったことを教えてください。
・上の子が入学してから１番大変だったことは何ですか。

〈時間〉　適宜

〈解答〉　省略

[2020年度出題]

学習のポイント

面接官は中学校の先生と小学校の先生の計３名。面接時間は10分程度でした。上記の質問内容を父親に聞かれることも、母親に聞かれることもありました。当校では出願の際に作文が課されていて（問題19の作文は、試験時の作文です）、そこでは志望動機や、当校の教育理念への理解がテーマとなっています。この作文を面接日に提出しますので、面接と作文の内容とが首尾一貫していることが大切です。面接では、お子さまのことをどの程度理解しているのか、どのような方針で教育、躾を行なっているのかを質問されます。学校と保護者が同じ価値観の下で、お子さまを共に教育していくことは大切です。背伸びをしたり、取り繕ったりした回答はするのは、かえって逆効果です。質問されたことに対して、正直に、ていねいに答えるのがよいでしょう。

【おすすめ問題集】
　新 小学校受験の入試面接Ｑ＆Ａ、面接最強マニュアル

問題19　分野：保護者作文

〈準 備〉 鉛筆、消しゴム、原稿用紙（Ｂ４横、600字詰、縦書き）、下書き用紙

〈問 題〉 **この問題の絵はありません。**

作文１
以下の３つの課題の中から１つ選んで書いてください。
・「小１の壁」を乗り越えるためにしなければならないことについて、思うことをお書きください。
・「親が先生を演じるのはやめるべきである」について是か非か。思うことをお書きください。
・「弟子の『器』をはるかに超えたことを教えなければ、弟子の学びは起動しない」について、思うことをお書きください。

作文２
以下の３つの課題の中から１つ選んで書いてください。
・「お膳立て症候群」という言葉について、思うことをお書きください。
・「子どものことは『見る』や『観る』のではなくて『看る』のです」という言葉について思うことをお書きください。
・「虹を見たければ、ちょっとやそっとの雨は我慢しなくっちゃ」という言葉について、思うことをお書きください。

〈時 間〉 各１時間

〈解 答〉 省略

［2020年度出題］

学習のポイント

試験当日、お子さまが試験を受けている間に、付き添いの保護者に対して、例年作文の試験が行われています。１時間の試験を２度、30分の休憩をはさんで行われました。使用した原稿用紙と下書き用紙は、試験終了後に回収されます。この課題は、入学後のお子さまへの教育を一緒に行っていく保護者の考えを知るために、開校以来行われているものです。このような作文では、「考えが首尾一貫していること」が大切です。600字程度の作文の場合、一貫した考えを組み立てるための「型」を持てるような練習をしましょう。基本的な型は、①意見（課題に対する答え）、②理由（なぜそう考えるのか）、③体験（考えを補強する具体的な生活体験）、④まとめ（ここまでのまとめとこれから）です。文章を４つに分けて考え、それぞれが①の考えと一致しているか、下書きの段階で確認します。気を付けることは、文体を統一して読みやすい字で書くことです。字数は８割程度は必要ですが、しっかりとした考えをもっていれば、字数を意識しなくても、自然と書けるものです。学校の方針を過剰に意識したり、いわゆる「立派な意見」を書こうと、知らないことを無理に書いたりせずに、自然体での意見を書けるようになってほしいです。

【おすすめ問題集】

新 願書・アンケート・作文 文例集500

2019年度以前の問題

問題20　分野：お話の記憶

聞く　公衆

〈準　備〉　鉛筆、消しゴム

〈問　題〉　お話をよく聞いて、後の質問に答えてください。

４月になったら、はるとくんは小学生になります。小学校へは電車に乗って行きますが、はるとくんはまだ、１人で電車に乗ったことがありません。今日はお母さんと一緒に、電車に乗る練習をすることにしました。駅に着くと、お母さんは「じゃあ、お母さんは離れて見ているからね。ほかのお客さんの迷惑にならないように１人で気をつけて行動してね」と言いました。「わかったよ、お母さん」と、はるとくんは少しうきうきして改札機を１人で通りました。いつもと違って１人で行動できるのが嬉しかったのです。ホームはすいていて、ほかのお客さんは数人いるだけでした。はるとくんは広いホームで、両手を広げて走り出しました。するとベンチに座って電車を待っているおばさんが「こら。ホームで走ったらダメよ。ホームから落ちたらどうするの」と大きな声で叱りました。はるとくんはそれを聞いてしゅんとなりました。電車をじっと待つことにして、黄色い点字ブロックの上にかばんを置きました。そこへちょうど駅員さんが通りかかり、「ここには荷物を置いちゃダメだよ。これは点字ブロックといって、目が不自由な人の道しるべになっているんだ。荷物があると、目が不自由な人が通れなくなってしまうよ」とはるとくんに注意しました。はるとくんが困っていると、お母さんが来て、一緒に謝ってくれました。しばらくするとアナウンスが流れ、電車が到着しました。はるとくんは扉が開くとすぐ、車内に駆け込もうとしました。すぐ後ろにいたお母さんは慌てて、はるとくんを押さえました。「だめ、だめ。降りる人が先なの」と、また怒られてしまいました。最後の人が降りるのを待って、乗り込むと車内は空いていました。はるとくんは何度も怒られていたので、席に座っていいかどうか迷っていました。お母さんは「空いている時は、どこの席に座ってもいいのよ」と教えてくれました。はるとくんが席に座った時、ちょうど電車が動きだしました。向かいの窓には、次々と景色が流れていきました。横の道路を走るバスや、横断歩道を渡る男の子の姿も見えました。遠くの公園にあるジャングルジムも見えました。電車に乗っているあいだ、はるとくんは景色が変わるのが面白くて、ずっと外を眺めていました。

（問題20の絵を渡す）

①はるとくんはいつから小学校に通いますか。正しい絵を選んで、○をつけてください。

②はるとくんが電車に乗っている時に見かけなかったものに、○をつけてください。

③車内でしたことは何ですか。○をつけてください。

④駅員さんに注意されたことはどんなことですか。○をつけてください。

〈時　間〉　各15秒

〈解　答〉　①左端　②右端　③左端　④右から２番目

［2019年度出題］

学習のポイント

当校のお話の記憶は、やや長めのお話で、会話や具体的な説明が多いことが特徴です。内容はそれほど複雑ではないので、お話の流れを把握することを意識して、正確に聞き取るようにしてください。具体的には、「誰が」「どうした」のか把握し、その上で細かい部分を補うようにして、それぞれの場面をイメージしていきます。日頃の読み聞かせでも、場面を具体的に把握できているかどうかを確認するような問いかけを加えていくとよいでしょう。①では、はるとくんが小学校に通い始める時期が聞かれていますが、当校の場合、それを季節ではなく、行事が行われる時期で答えさせる問題もよく出題されています。行事について、内容や時期など一歩踏み込んだ理解ができるように、ふだんの学習でも心がけておくとよいでしょう。また、当校のお話は、公共の場でのマナーに関する話題が例年扱われています。その背景には、本問の主人公のように、通学距離が長く、公共交通機関を利用して通学しなければならないという、私立小学校ならではの事情があります。公共の場でほかの人の迷惑にならないように、また交通事故などの危険から自分を守るために、マナーやルールが身に付いているかどうかを、学校側も重視しています。マナーやルールを教える際には、「迷惑」と「危険」への理解をふまえて理由を説明するとよいでしょう。

【おすすめ問題集】

１話５分の読み聞かせお話集①・②、お話の記憶 初級編・中級編・上級編、
Ｊｒ・ウォッチャー19「お話の記憶」、56「マナーとルール」、
ウォッチャーズアレンジ問題集③～記憶力ＵＰ編～

洛南高等学校附属小学校　専用注文書

年　　月　　日

合格のための問題集ベスト・セレクション

＊入試頻出分野ベスト３

1st　推　理

集中力　聞く力
観察力　思考力

2nd　言　語

聞く力　思考力
知　識

3rd　常　識

集中力　聞く力
知　識

全体としては問題はやさしくなりましたが、お話の記憶・推理・言語などには複数の分野を関連させた応用問題が出題されいます。常識問題には生活・マナーに関する出題が多く見られます。

分野	書　名	価格(税抜)	注文	分野	書　名	価格(税抜)	注文
図形	Ｊｒ・ウォッチャー4「同図形探し」	1,500円	冊	数量	Ｊｒ・ウォッチャー39「たし算・ひき算2」	1,500円	冊
図形	Ｊｒ・ウォッチャー6「系列」	1,500円	冊	数量	Ｊｒ・ウォッチャー42「一対多の対応」	1,500円	冊
図形	Ｊｒ・ウォッチャー7「迷路」	1,500円	冊	図形	Ｊｒ・ウォッチャー45「図形分割」	1,500円	冊
言語	Ｊｒ・ウォッチャー17「言葉の音遊び」	1,500円	冊	図形	Ｊｒ・ウォッチャーＪ53「四方からの観察　積み木編」	1,500円	冊
言語	Ｊｒ・ウォッチャー18「いろいろな言葉」	1,500円	冊	図形	Ｊｒ・ウォッチャー54「図形の構成」	1,500円	冊
記憶	Ｊｒ・ウォッチャー19「お話の記憶」	1,500円	冊	常識	Ｊｒ・ウォッチャー56「マナーとルール」	1,500円	冊
記憶	Ｊｒ・ウォッチャー20「見る記憶・聴く記憶」	1,500円	冊	言語	Ｊｒ・ウォッチャー60「言葉の音（おん）」	1,500円	冊
巧緻性	Ｊｒ・ウォッチャー25「生活巧緻性」	1,500円	冊		1話5分の読み聞かせお話集①②	1,800円	各　冊
常識	Ｊｒ・ウォッチャー27「理科」	1,500円	冊		お話の記憶 中級編・上級編	2,000円	各　冊
運動	Ｊｒ・ウォッチャー28「運動」	1,500円	冊		保護者のための入試面接最強マニュアル	2,000円	冊
観察	Ｊｒ・ウォッチャー29「行動観察」	1,500円	冊		小学校受験で知っておくべき125のこと	2,600円	冊
推理	Ｊｒ・ウォッチャー31「推理思考」	1,500円	冊		新 小学校受験の入試面接Q＆A	2,600円	冊
常識	Ｊｒ・ウォッチャー34「季節」	1,500円	冊		新 願書・アンケート・作文 文例集500	2,500円	冊
数量	Ｊｒ・ウォッチャー38「たし算・ひき算1」	1,500円	冊				

合計	冊	円

（フリガナ） 氏　名	電　話 ＦＡＸ E-mail
住　所　〒　　　－	以前にご注文されたことはございますか。 有　・　無

★お近くの書店、または記載の電話・FAX・ホームページにてご注文をお受けしております。
電話：03-5261-8951　FAX：03-5261-8953　代金は書籍合計金額＋送料がかかります。
※なお、落丁・乱丁以外の理由による商品の返品・交換には応じかねます。

★ご記入頂いた個人に関する情報は、当社にて厳重に管理致します。なお、ご購入の商品発送の他に、当社発行の書籍案内、書籍に関する調査に使用させて頂く場合がございますので、予めご了承ください。

日本学習図書株式会社
http://www.nichigaku.jp

〈立命館小学校〉

※問題を始める前に、本文１頁の「本書ご使用方法」「ご使用にあたっての注意点」をご覧ください。
※本校の考査は、鉛筆を使用します。間違えた場合は消しゴムで消し、正しい答えを書くよう指導してください。

保護者の方は、別紙の「家庭学習ガイド」「合格ためのアドバイス」を先にお読みください。
当校の対策および学習を進めていく上で、役立つ内容です。ぜひ、ご覧ください。

2020年度の最新問題

問題21　分野：常識（総合）

観察　考え

〈準 備〉　鉛筆、消しゴム

〈問 題〉　**問題21-３の絵は縦に使用してください。**
（問題21-１の絵を渡す）
①～④左の四角に描いてあるものから何ができますか。右の四角から選んで、〇をつけてください。
（問題21-２の絵を渡す）
⑤⑥左の四角の料理にあと１つ何を選ぶと、バランスのよい食事になりますか。右の四角から選んで〇をつけてください。
（問題23-３の絵を渡す）
⑦上の段と真ん中の段、下の段に描かれているものの中から同じ季節のもの選んで、それぞれ線で結んでください。

〈時 間〉　各15秒

〈解 答〉　①右　②左　③右　④真ん中　⑤左上　⑥右上
⑦下図参照

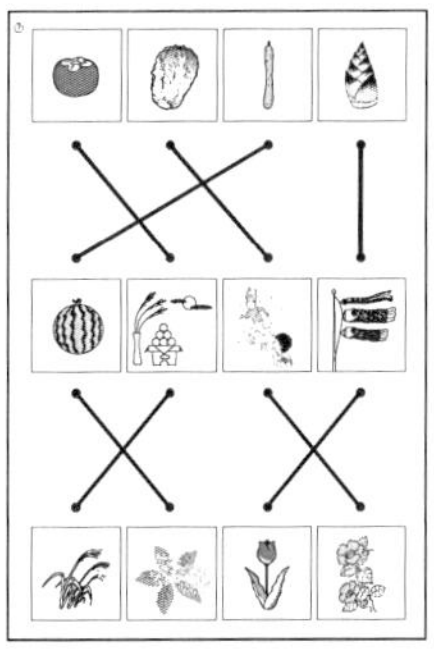

［2020年度出題］

弊社の問題集は、巻末の注文書の他に、
ホームページからでもお買い求めいただくことができます。
右のQRコードからご覧ください。
（立命館小学校のおすすめ問題集のページです。）

学習のポイント

小問集合形式の常識分野の問題です。①～⑥は、生活の知識を聞いています。季節や理科的な知識と違い、問題を解いたり、メディアに触れることによって得ることが難しい知識です。保護者の方は、お子さまに生活の場面で学習の機会を提供してください。お手伝いでもお使いでもかまいません。とにかく機会を与えることが、お子さまの経験となり、学びとなり、知識を得ることにつながるのです。⑦は季節の分類です。生活している環境にはない自然・行事などがあれば、経験・知識をメディアなどで補っておきましょう。身近にないものは無理をして経験はしなくても、当校の問題には充分対応できるはずです。地元色の強いもの、その学校特有の出題といったものも最近は見られません。

【おすすめ問題集】

Ｊｒ・ウォッチャー11「いろいろな仲間」、12「日常生活」、27「理科」、34「季節」、55「理科②」

問題22　分野：言語（総合）

観察　考え

〈準備〉　鉛筆、消しゴム

〈問題〉　（問題22-１の絵を渡す）
絵を左から右までしりとりでつなげます。その時「？」のところにあてはまる絵を、下の絵から選んで、○をつけてください。
（問題22-２の絵を渡す）
左の絵の言葉と、同じ音の数のものを右の絵の中から２つ見つけて、○をつけてください。

〈時間〉　各30秒

〈解答〉　下図参照

［2020年度出題］

学習のポイント

例年出題される言語分野の問題です。しりとりやそのバリエーションがほとんどです。こういった問題が苦手というお子さまには2つのパターンがあります。1つは、描いてあるイラストが何を表しているのかわからない、というパターン。これは、単純に語彙・知識が少ないということなので、言葉カードやブロックを使った学習やしりとりなどの言葉遊びを数多く行うことで解消できます。次に語彙がないというよりは、言葉の音に関する認識が薄いパターン。言葉はいくつかの音で構成されているという概念を把握しきれていないので、「この言葉の2番目の音は…」と言われるとよくわからなくなってしまうのです。これは学習量が足りないというよりは、言葉を声に出す機会が少ないのかもしれません。話す機会が少ないとどうしても「音」に関する知識は不足します。文字を使わない言語の学習では、実際に人と話すこと、話を聞くことが貴重な経験になります。保護者の方はお子さまにそういった経験の機会を設けるようにしてください。

【おすすめ問題集】

Ｊｒ・ウォッチャー17「言葉の音遊び」、18「いろいろな言葉」、49「しりとり」、60「言葉の音（おん）」

問題23　分野：推理（なぞなぞ）

観察　考え

〈準備〉　鉛筆、消しゴム

〈問題〉　（問題23の絵を渡す）
①ヒントに当てはまる動物を選んで○をつけてください。
「足が４本です」「大きな耳があります」「鼻が長いです」
②ヒントに当てはまる動物を選んで○をつけてください。
「長いあいだ、土の中にいます」「夏に出てきます」「大きな声でなきます」
③ヒントに当てはまる動物を選んで○をつけてください。
「足が４本です」「ぴょんぴょんはねます」「緑色です」
④ヒントに当てはまる動物を選んで○をつけてください。
「赤ちゃんで生まれます」「ぴょんぴょんはねます」
「おなかに袋があります」

〈時間〉　各15秒

〈解答〉　①右端　②左から２番目　③右から２番目　④左端

［2020年度出題］

学習のポイント

推理分野の問題としてはいますが、推理するというよりは理科的な常識をなぞなぞ形式で出されるヒントから考えるという問題です。問題内容自体はそれほど難しいものではありませんが、形式が珍しいので、びっくりしないようにしてください。ヒントの聞き逃しと勘違いに注意です。動物の生態に関して聞かれるのは、棲息場所、卵生・胎生、大きなくくりでの類別（鳥類・魚類など）、ほかにはない特徴（飛ぶ哺乳類→コウモリ、光る虫→ホタル）といったところでしょうか。専門知識は必要ありません。あくまでお子さまが知っていると思われる知識を聞く問題です。目にする機会のないものについてはメディアを通して補う、といったふつうのスタンスでよいでしょう。

【おすすめ問題集】

Ｊｒ・ウォッチャー27「理科」、34「季節」、55「理科②」

問題24　分野：記憶（見る記憶）

観察　集中

〈準　備〉　鉛筆、消しゴム、問題24の絵を中央の線で切り、左側を「記憶用」右側を「解答用」とする。

〈問　題〉　（問題24の左側の絵を渡す）
絵をよく見て覚えてください。
（30秒後に、問題24の左側の絵を伏せ、右側の絵を渡す）
①②③④
今見た絵の中にあったものを、それぞれの四角の中から選んで、○をつけてください。

〈時　間〉　記憶：30秒　解答：各10秒

〈解　答〉　①左　②真ん中　③右　④真ん中

［2020年度出題］

学習のポイント

見る記憶の問題です。記憶するための基本的な観察方法は、①「全体を見て大まかな配置や全体の数を把握する」②「１つひとつを特徴を端的に把握する」です。この問題で言えば①「記号が８個並んでいる」②「記号は◎…」といった形になります。もちろん、すべて言葉にする必要はなく、イメージを記憶してもかまいません。ただし、イメージに頼りすぎると１つわからなくなるとそのショックですべて忘れてしまうというパターンがお子さまにはあります。絵を言語化しながら、言葉にしにくいものはイメージを混ぜていく、といったやり方が現実的でしょう。お子さまの視覚による記憶は大人が考えるよりも覚える量・速さともに優れているそうです。基本的な観察方法は教える必要がありますが、その後はお子さまに任せても案外うまくいくかもしれません。

【おすすめ問題集】
Ｊｒ・ウォッチャー20「見る記憶・聴く記憶」

問題25　分野：推理（系列・比較）

語彙　知識

〈準備〉　鉛筆、消しゴム

〈問題〉　（問題25-1の絵を渡す）
①上の段を見てください。「？」の書いてある太い線の枠に当てはまるものはどれですか。正しいものを下の段から選んで○をつけてください。
（問題25-2の絵を渡す）
②マス目の中にさまざまな長さの鉛筆があります。1番長いと思う鉛筆の下の四角に○をつけてください。

〈時間〉　各15秒

〈解答〉　下図参照

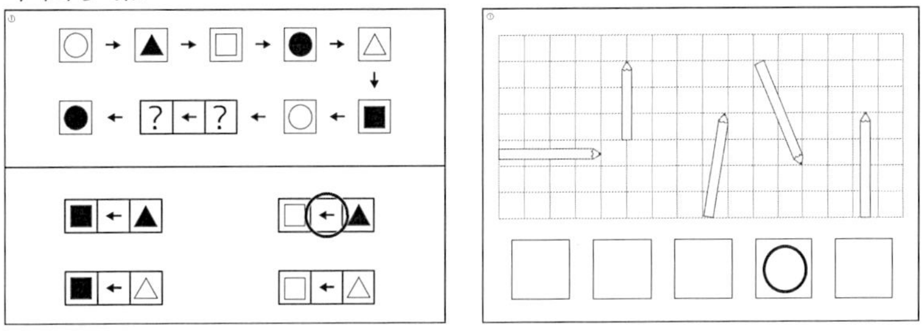

［2020年度出題］

学習のポイント

①の系列は思考力が観点の問題です。「ＡＢＣＡＢＣ」といった並び方の法則を見つけ出すのが目的になります。指や印を使ったハウツーで答えを出し、それで終わりにしているお子さまが時折いますが、趣旨が違うのでやめておいた方がよいでしょう。結局自分のためになりません。そもそも並び方が曲線だったり、系列自体が複雑なものだとハウツーは使えませんから、入試など応用問題が出る場面には向いていないのです。②は長さ比べの問題です。これも見た目で判断するのではなく、マス目の数を数えて比較してほしいというのが本来の趣旨でしょう。入試、特にペーパーテストでは答えを出すプロセスは観察されないと考えがちですが、経験豊富な採点者にはわかってしまうものです。ハウツーを安易に使うのはやめましょう。

【おすすめ問題集】
Ｊｒ・ウォッチャー６「系列」、15「比較」、58「比較②」

問題26　分野：図形（模写・同図形探し）

観察

〈準備〉　鉛筆、消しゴム

〈問題〉　①左の四角を見てください。上に書かれている絵を、下に描いてください。
②右の四角を見てください。上の段と下の段の同じ形を線でつないでください。

〈時間〉　各30秒

〈解答〉　省略

［2020年度出題］

学習のポイント

①模写の問題では、座標上の位置を正確にとらえることと、きれいにまっすぐな線を引くことがポイントです。座標上の位置は、常に「左から〇番目、上から〇番目」というように把握する習慣をつけておくとよいでしょう。記号をしっかり把握してできるだけお手本の形に近づけてください。正しく鉛筆を使えば線がブレることも少なくなるでしょう。②は同図形探しの問題です。マス目にさまざまな記号を使った複雑な形ですから、全体を把握しようとするのは混乱の素です。切り分けて比較していきましょう。例えば右上隅の記号同士を比較していき、次はその下を…と進めていくのです。解答時間が少ないのである程度のスピードは必要ですが、確実に答えることができます。

【おすすめ問題集】
Ｊｒ・ウォッチャー２「座標」、４「同図形探し」

問題27　分野：図形（対称図形・図形の構成）

考え　観察

〈準備〉　鉛筆、消しゴム

〈問題〉　①②
点線で折った時、左の形がぴったり重なるように、右に形を描いてください。
③
上の形を組み合わせてできる形はどれですか。正しいものを選んで○をつけてください。

〈時間〉　各30秒

〈解答〉　下図参照

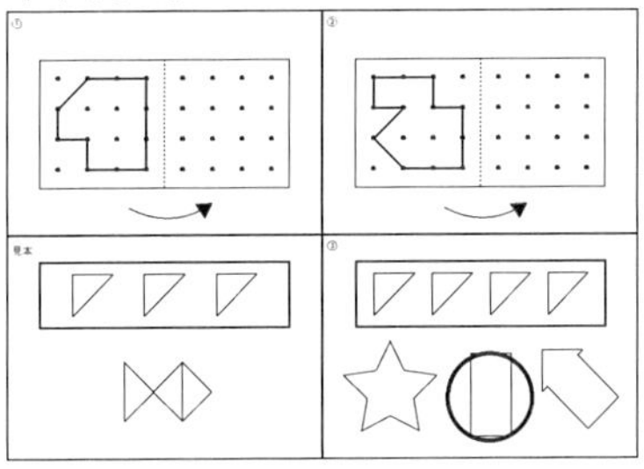

［2020年度出題］

学習のポイント

右側に描くのは左側の対称図形になるので、①は対称（鏡）図形の問題とも言えます。一見、点線図形の問題のようですが、「折ってぴったり重なるように」という意味がわかれば、問題なく左右が反転した形が書けるでしょう。問題は指示を聞いてもよくわからなかった場合です。もし、重なる様子がイメージできず答えられなかったのなら、その感覚がまだ育っていないということになります。小学校受験の図形問題は、図形がどのような約束でどのように変化したかをイメージしないと答えることができません。まずは実際に紙を切り抜き、折ってみましょう。そこからさまざまなことがわかります。②は図形の構成の問題です。図形のパズルと言ってよい問題ですから、これもよくわからないようなら、実際に問題の絵を切り抜き、選択肢の絵に当てはめてみましょう。説明されるよりはかなりわかりやすくなるはずです。

【おすすめ問題集】
Ｊｒ・ウォッチャー８「対称」、54「図形の構成」

問題28　分野：数量（選んで数える・積み木）　考え　観察

〈準備〉　鉛筆、消しゴム

〈問題〉　**問題28-2の絵は縦に使ってください。**
（問題28-1の絵を渡して）
①木に実っているくだものの中で１番多いものの数だけ、下の四角に○を書いてください。
（問題28-２の絵を渡して）
②③④⑤
積み木の数を数えて、その数だけ下の四角に○を書いてください。

〈時間〉　各30秒

〈解答〉　①○：８　②○：６　③○：８　④○：９　⑤○：11

[2020年度出題]

学習のポイント

①は「選んで数える」問題です。当校に限らず、数量分野の問題はおしなべて解答時間が短く、指折り数えていては時間内に答えることはできません。そこで、慌てないように印を付けたり、○で囲んだりするハウツーを勧める人も多くいます。そのハウツー、単に理解するためならよいのですが、テストの答案に書き込むとなると問題になることがあります。例えば、答えと判別しにくいケース。答えに○をつけるという問題で、チェック用の記号に○を使ったりすれば誤解を受ける原因になるというわけです。②は積み木の数を数える問題です。ポイントは１つで、「描かれていない積み木の数も入れて答える」だけです。あまり間違える人はいないので、落ち着いて正確に答えましょう。解答に納得ができない時は積み木を並べてください。

【おすすめ問題集】
Ｊｒ・ウォッチャー16「積み木」、37「選んで数える」

問題29　分野：数量（一対多の対応・増減）　観察　聞く

〈準備〉　鉛筆、消しゴム

〈問題〉　（問題29の絵を渡す）

①子ども３人で12個のイチゴを同じ数になるように分けます。１人は何個イチゴをもらえますか。その数だけ下の四角に○を書いてください。

②子どもが４人公園で遊んでいました。この後２人帰りましたが、後から４人やってきました。今公園には何人の子どもがいますか。その数だけ下の四角に○を書いてください。

〈時間〉　各30秒

〈解答〉　①○：４　②○：６

［2020年度出題］

学習のポイント

いずれも「数に対する感覚」のあるなしを観点にした問題です。数に対する感覚とは、１～10までの数のものの集合ならそれがいくつあるかがわかったり（「リンゴが４個ある」）、２つの集合があればどちらが多いかがわかる（「リンゴよりバナナの方が２つ多い」）、という感覚のことを言います。①はいくつ配れるかを考えるのですが、できれば３個のイチゴを○で囲んだりしないでください。理解するためなら仕方ありませんが、数の感覚が身に付いていないように見えます。②は小学校に入学してからの「計算」につながる、数の増減に関する問題です。１～10程度の数については、数の把握、基本的な増減をすばやくできるように練習しておいてください。勘違いや思い込みをしないように気を付けながら、順を追って数を認識するのです。

【おすすめ問題集】

Ｊｒ・ウォッチャー14「数える」、38「たし算・ひき算1」、39「たし算・ひき算2」、40「数を分ける」、42「一対多の対応」

問題30　分野：行動観察

聞く　協調

〈準備〉　鉛筆、クレヨン、消しゴム、スモック（ボタン付きのもの）、皿、紙コップ、ダイズ（適宜）

〈問題〉　①スモックを着てください。
（問題30の絵を渡す）
②絵の点線を鉛筆でなぞってください。
③屋根は赤色、ドアは黄色、窓は青色で塗ってください。服とズボン、靴は好きな色で塗ってください。
④「やめ」と言われたら絵を描くのをやめて、スモックを脱いで畳んでください。畳んだスモックは小さい箱に入れてください。
※スタート位置に５人が並び、その先の机の上にダイズを載せた皿と箸、紙コップが置いてある。
⑤箸で皿にあるものを紙コップにたくさん入れましょう。「やめ」と言われたら、やめてください。
⑥先生のお手本通りに体を動かしてください（ジャンプや足上げなど）。

〈時間〉　適宜

〈解答〉　省略

［2020年度出題］

学習のポイント

当校の行動観察では、スモックの着脱の課題から家庭での躾を、巧緻性の作業から、手先の器用さ、まじめさ、根気強さなどを評価しています。また、グループでの作業からは周囲との協調性、ミュニケーション能力なども評価しています。先生の指示をしっかりと聞いているか、理解できているか、積極的に行動しているか、周囲の子どもと協力できているか、邪魔をしていないかなど、評価のポイントは多岐に渡ります。行動観察は、お子さまの日常をうかがうことができる問題の１つです。直前に対策して身に付くものではありません。ふだんから、線を引く、色を塗るなどの作業をていねいに練習することや、お友だちと遊ぶ際に、集団の中でのルールを学んでいくようにしてください。

【おすすめ問題集】
Ｊｒ・ウォッチャー23「切る・貼る・塗る」、28「運動」、29「行動観察」

問題31 分野：面接（保護者面接・幼児面接）

聞く

〈準　備〉　なし

〈問　題〉　**この問題の絵はありません。**

【保護者へ】
・それぞれの自己紹介をしてください。
・志願動機をお聞かせください。
・通学時間について教えてください。
・４つの柱で１番大切な柱は何ですか。
・４つの柱でお父さまが答えたもの以外で大切だと思うことは何ですか。
・ご家庭の教育方針を教えてください。
・いつごろ立命館小学校に決められましたか。
・他校も見られたと思いますが、他校に比べて立命館のよいところは何ですか。
・何度か学校に来られましたか。→学校見学に参加されましたか
・その時の印象はいかがですか。
・一言で言ったらどんなお子さまですか。
・お子さまの良いところを教えてください。
・お子さまの成長したと思うところを教えてください。
・お子さまの今後成長が必要だと思う点について教えてください。
・休日は子どもとどのように過ごされていますか。
・子育てで１番難しいと感じている点をお聞かせください。
・学校の取り組みの中で、子どもが力を発揮できることは何ですか。
・今後学校に期待することはどのようなことですか。

【志願者へ】
・あなたのお名前とお誕生日を教えてください。
・あなたの誕生日はいつですか。→次の誕生日がきたら何歳ですか。
・幼稚園の名前とクラス、先生の名前を教えてください。
・幼稚園の名前を教えてください。→幼稚園のクラスの名前を教えてください。→何組さんですか。→先生の名前は何ですか。
・読んでいる本は何ですか。→その本のどこが好きですか。
・お手伝いはしますか。→どんなお手伝いをしますか。→食器は自分のものだけですか。誰のものを運びますか。→お料理はしますか。何を作りましたか。→包丁は使いましたか。→誰と使いましたか。→サンドウィッチには何をはさみますか。
・何をしたらほめられますか。→何をしたら怒られますか。
・得意なことはなんですか。→ボールつきは何回できますか。→縄跳びは何回跳べますか。
・立命館小学校ではどんな勉強をしたいですか。
・お父さんお母さんのそれぞれ１番好きなところを教えてください。

〈時　間〉　10分程度

〈解　答〉　省略

［2020年度出題］

学習のポイント

面接時間は10分、面接担当者は２名、いわゆる親子面接ですが着席後に志願者のみ別室に移動し、絵画を制作します（10分）。その間に保護者への質問があり、絵画を制作し終えた志願者が面接会場に帰ってくると志願者に質問が行われるという形です。質問項目は、志望理由、教育方針などスタンダードなものが主体です。それ以外では教育方針である「４つの柱」についてなど、学校についての質問が目立ちますが、特に答えづらいものはありません。保護者同士で事前の打ち合わせを行っておけば問題ないでしょう。なお、志願者面接では、名前や家族についての質問の後に、志願者の回答をさらに広げる質問が出されるようです。ふだんから１問１答式ではなく、もう１歩詳しく話したり、体験を添えて話す練習をしておけば、そういった質問にも無難に答えられるでしょう。

【おすすめ問題集】

家庭で行う面接テスト問題集、面接最強マニュアル、小学校面接Ｑ＆Ａ

問題32 分野：お話の記憶

聞く 集中

〈準 備〉 鉛筆、消しゴム

〈問 題〉 お話をよく聞いて、後の質問に答えてください。
日曜日、ひろしくんはお父さんと一緒に、川へ魚釣りに行きました。でも、魚はぜんぜん釣れませんでした。川のそばの水たまりを見たひろしくんは、アメンボとオタマジャクシがたくさんいるのを見つけました。ひろしくんは、魚釣りのようにオタマジャクシが釣れるかどうか試しましたが、まったく釣れませんでした。すると、水草の陰から大きなザリガニが出てきて、釣り針のエサをがっちりとつかんだので、ひろしくんはザリガニを釣り上げることができました。立派なザリガニだったので、家に持ち帰って飼うことにしました。

①ひろしくんが釣ったものはどれですか。選んで○をつけてください。
②魚が釣れなかった時、次にひろしくんが釣ろうとしていたものはどれですか。○をつけてください。
③ひろしくんは、最後にどんな顔をしたと思いますか。その絵に○をつけてください。

〈時 間〉 各15秒

〈解 答〉 ①左端　②真ん中　③ 左端

［2019年度出題］

学習のポイント

短いお話（または文章）を聞いて質問に答えます。お話の流れについての質問と、細かい部分からの質問の組み合わせですが、特に難しいものはありません。「誰が」「何を」「どうした」ということを押さえる聞き取りの力と、細かい部分を聞き逃さないための集中力が要求されています。ふだんの読み聞かせでは、お話の場面を想像しながら聞く練習をしましょう。お話を読み終えたら、どんな場面だったのか質問したり、持ちものや服装など、細かい描写への質問もしたりしながら、お子さまの聞き取る力を強化していくのもよいでしょう。また、③登場人物の気持ちを表情から選ぶ問題も例年出題されています。練習で扱った問題に、登場人物の気持ちを問うような質問を加えたりすると、より実戦的になります。

【おすすめ問題集】
1話5分の読み聞かせお話集①・②、お話の記憶 初級編・中級編・上級編、
Ｊｒ・ウォッチャー19「お話の記憶」

問題33　分野：言語（総合）

観察　考え

〈準 備〉　鉛筆、消しゴム

〈問 題〉　（問題33-１の絵を渡す）
絵を左から右までしりとりでつなげます。その時「？」のところにあてはまる絵を、下の絵から選んで、○をつけてください。
（問題33-２の絵を渡す）
左の絵の言葉と、同じ音の数のものを右の絵の中から２つ見つけて、○をつけてください。

〈時 間〉　各30秒

〈解 答〉　下図参照

［2019年度出題］

学習のポイント

ものの名前を利用した言語分野の問題は、多くの学校で出題されています。当校でも、「頭音の区別（2017年度）」「同じ音を含んだ言葉・しりとり（2018年度）」など、さまざまな形で毎年出題されています。言語分野の問題では、言葉を音（おん）の集合として認識し、それを利用して考えることができているかどうかが観られています。問題33-１のように、絵をつないだり、並べたりするしりとりの問題では、目の前の絵だけでなく、その先の絵へのつながりも考えます。例えば①では、「ウシ」の「シ」につながるものとして「シマウマ」と「シカ」があります。この２つのうち、その後ろの「カサ」につながるものは「シカ」となるわけです。②③のように空欄が連続している場合は、この視点を利用し、後ろの絵の「カメ」の前につなげられる「イルカ」を先に見つけることがポイントになります。問題33-２では、言葉がいくつの音が集まってできているかを数えます。例えば、「カメ」は「カ・メ」の２音が集まった言葉、「スイカ」は「ス・イ・カ」の３音が集まった言葉というように考えて、それぞれの言葉の音数を数えます。どちらも、言葉を音としてとらえられることが大切です。この点の理解が上手くできない場合は、「リ・ン・ゴ」などのように、１音ずつ区切って言い表す練習をするとよいでしょう。

【おすすめ問題集】
Ｊｒ・ウォッチャー17「言葉の音遊び」、18「いろいろな言葉」、49「しりとり」、60「言葉の音（おん）」

問題34　分野：常識（総合）

観察　考え

〈準　備〉　鉛筆、消しゴム

〈問　題〉　**この問題の絵は縦に使用してください。**

（問題34－１の絵を渡す）

左にあるものが大きくなったら、何になりますか。右の中から選んで、○をつけてください。

（問題34－２の絵を渡す）

それぞれの段で、仲間はずれのものに、○をつけてください。

（問題34－３の絵を渡す）

上の段と真ん中の段、下の段に描かれているものの中から同じ季節のもの選んで、それぞれ線で結んでください。

〈時　間〉　各15秒

〈解　答〉　下図参照

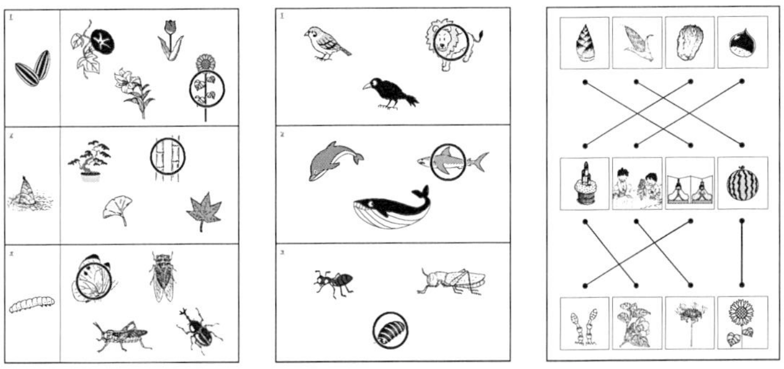

［2019年度出題］

学習のポイント

当校では、常識分野の問題が幅広く出題されていますが、その中でも理科・季節を中心とした問題は頻出の分野です。知識が豊富であること、それぞれを区別できていることが観点と考えられますので、しっかりと対策を進めてください。問題34－１は、生物の成長についての問題です。植物や卵生の生きものは、成長の過程でその姿を大きく変化させます。図鑑などを見て、その過程を覚えておきましょう。問題34－２は仲間はずれです。生きものの分類そのものは難しくありませんが、哺乳類・鳥類などといった区別は、お子さまにはなかなか難しいものです。それぞれの違いをお子さまがわかるように説明して、理解につなげてください。例えば①は、空を飛ぶものと飛ばないもの（卵で生まれるものと、生まれないもの）、②は魚と魚でないもの（卵で生まれるものと、生まれないもの）、③は虫と虫でないもの（足の数が６本のものと、そうでないもの）といった感じです。問題34－３は季節の分類です。常識分野の知識は、１度見たり聞いたりしただけでは身に付きにくいものです。問題を解き終えたら、答えを確認するだけでなく、知識を補ったり整理したりするために、反復学習も忘れないようにしましょう。

【おすすめ問題集】

Ｊｒ・ウォッチャー27「理科」、34「季節」、55「理科②」

問題35　分野：常識（マナー・道徳）

公衆　知識

〈準備〉　鉛筆、消しゴム

〈問題〉　①電車がゆれて、となりの子の足を踏んでしまいました。
ライオンさんは「わざとじゃないよ」と言いました。
パンダさんは「ごめんなさい」と言いました。
ゾウさんは、気付かないふりをして黙っていました。
この中で、正しいのは誰ですか。○をつけてください。
②電車が来るまで、駅のホームで待っています。
サルさんは、静かに待っています。
イヌさんは友達が来たので、嬉しくなり大きな声を出しました。
ウサギさんはお友達と追いかけっこをしています。
この中で、正しいのは誰ですか。○をつけてください。

〈時間〉　各10秒

〈解答〉　①真ん中（パンダ）　②左（サル）

[2019年度出題]

学習のポイント

してはいけないことの基本は、①ほかの人が嫌な思いをする（迷惑）、②みんなと一緒の行動がとれていない（勝手）、③大きな事故やケガにつながる（危険）の３つです。本問は①の迷惑に該当する問題となっています。道徳・マナーについての常識問題は、例年出題されており、②の勝手、③の危険を題材とした問題も、過去には出題されています。選んだ行為が「なぜダメなのか」お子さま自身に考えさせながら、知識だけではなく相手を気遣った振る舞いとしてのマナーを、しっかり身に付けさせましょう。入学すると、多くのお子さまが通学の際に電車を利用します。交通ルールや駅での振る舞いについては、お子さまの安全に関わることなので、しっかりと教えるようにしてください。保護者の方は、お子さまにとっての身近なお手本です。マナーの問題では、お子さまを通して保護者の方の常識も問われていると考えて、お子さまへの指導をすすめてください。

【おすすめ問題集】

Ｊｒ・ウォッチャー12「日常生活」、56「マナーとルール」

問題36　分野：推理（系列）

観察　考え

〈準備〉　鉛筆、消しゴム

〈問題〉　**この問題36-2の絵は縦に使用してください。**
（問題36-1の絵を渡す）
①左から右へおにぎりが転がっていきました。「？」のところのおにぎり形を下の絵から選んで、○をつけてください。
②ミカンとリンゴの絵がいくつか並んでいます。「？」のところに当てはまるものを下の絵から選んで、○をつけてください。
（問題36-2の絵を渡す）
③④⑤
動物がお約束の通りに並んでいます。空いているところにはどの動物が入りますか。下の絵から選んで、○をつけてください。

〈時間〉　各15秒

〈解答〉　①左から２番目　②左から２番目　③左　④左　⑤右

［2019年度出題］

学習のポイント

推理分野の問題では、指示をよく聞いて、絵をしっかりと見て、よく考えて答えます。聞く力、観察力、思考力を観点として、当校の推理分野では、例年さまざまな問題が出題されています。系列の問題では、前後のパターンからどのようなお約束なのかを考えて、空いているところに当てはまる絵を考えます。①はおにぎりが２つしか示されていませんが、空欄の形とノリの位置の変化から、「（ノリの位置が）下・左上・右上」となることがわかります。②では、ミカンとリンゴの動きをそれぞれ分けて見ると、ミカンは「上・下」を、リンゴは「上・右・下・左」と動いていることがわかります。③④⑤については、１番目の絵が２回目、３回目に出てくるところで、それぞれの右どなりの絵を見ると、約束が見つけやすくなります。慣れてくると２～４個のまとまりで見たり、直感で見つけたりできるようになります。さまざまなパターンで練習して「お約束」を素早く見つける力を身に付けてください。なお、実際の試験に向けて、答えに「○」をつける前に、もう１度見直すことも忘れないようにしてください。

【おすすめ問題集】
Ｊｒ・ウォッチャー６「系列」、31「推理思考」

問題37　分野：推理（比較）

観察　考え

〈準備〉　鉛筆、消しゴム

〈問題〉　**この問題37-2の絵は縦に使用してください。**
（問題37-1の絵を渡す）
①1番長い棒はどれですか。選んで○をつけてください。
（問題37-2の絵を渡す）
②③上の絵のようにリンゴ、レモン、イチゴがシーソーでつり合っています。真ん中の段、下の段では、シーソーの右側にイチゴを何個載せればつり合いますか。その数だけ四角の中に○を書いてください。

〈時間〉　各15秒

〈解答〉　①右端　②○：5　③○：6

［2019年度出題］

学習のポイント

比較の問題です。①では、マスの上に描かれた棒の長さを比べます。マスに沿って置かれた棒の長さはマス目の数を数えれすぐにわかります。問題はマス目に対して斜めに置いてある棒です。お子さまに「直角三角形の斜辺は…」と5・6年先に習うことを教えても仕方ありません。直感的に斜めに置いてある棒の方が長い、とわかればよいですし、わからない場合は実物を使って見せ、納得させてください。②③は、置き換えの問題です。上の段の例を見ると、1番軽いものはイチゴだとわかるので、リンゴとレモンをそれぞれ「イチゴ○個分」に置き換えます。右のシーソーからレモンはイチゴ2個分とわかります。左のシーソーからリンゴはレモン2個分、つまりイチゴ4個分に置き換えられます。釣り合っているシーソー、天秤の問題では、1番軽いもの（数が多いもの）に揃えて関係をつかむようにするとよいでしょう。

【おすすめ問題集】
Ｊｒ・ウォッチャー33「シーソー」、42「一対多の対応」、57「置き換え」

問題38　分野：推理（総合）

観察　考え

〈準備〉　鉛筆、消しゴム

〈問題〉　（問題38－1の絵を渡す）
ロケットが向きの通りに進んで飛んでいます。
①左側の絵に、ロケットが進む線を書いてください。
②右側の絵には、途中に「？」で消えているところがありますが、そこに入る正しい向きのロケットを下の中から選んで、○をつけてください。
（問題38－2の絵を渡す）
③イチゴが白い筒を通ると2個増え、黒い筒を通ると1個減ります。次の時、イチゴは何個になりますか。その数だけ、下の四角に○を書いてください。
④見本のように、○を5個揃えて列を作ります。できるだけ少ない○で列を2つ作るには、どこに○を書けばよいですか。その場所に○を書いてください。

〈時間〉　各15秒

〈解答〉　下図参照

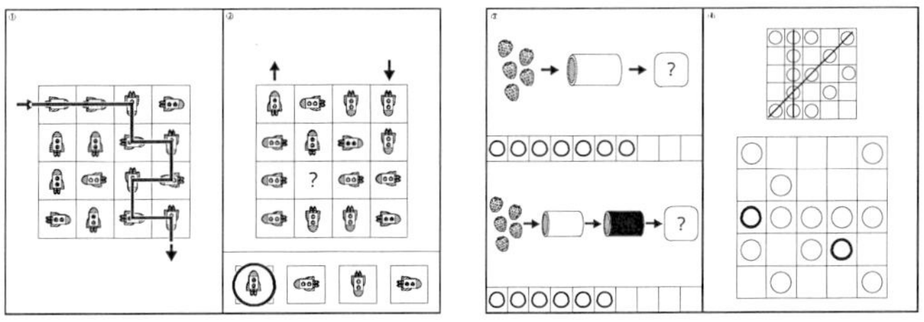

［2019年度出題］

学習のポイント

推理分野の小問集合です。問題1つひとつはそれほど難しくありませんが、解答時間が短いため、少し難しい問題となっています。問題38－1は座標の移動の問題です。①でルールを理解できているか、②でルールを応用して考えることができるかが観点となっています。②の問題の考え方は2つあります。1つ目は、スタートから進むと、「？」のマスには右から入ることになります。そこで、右以外の三方（上・左・下）に進んだ場合どこへ行くのかを確認します。2つ目は、ゴールから逆に進む方法です。「今いるマス」にロケットの先端が向いているマスへ移動することを、「？」まで繰り返します。問題38－2についても同様に、ルールを理解した上で、それを利用した問題となっています。指示を聞き逃さないように気を付けて、問題に取り組んでください。

【おすすめ問題集】
Ｊｒ・ウォッチャー31「推理思考」、32「ブラックボックス」、47「座標の移動」

問題39　分野：総合（見る記憶・模写・常識）

観察　集中

〈準備〉　鉛筆、消しゴム、問題39－１の絵を中央の線で切り、左側を「記憶用」右側を「解答用」とする。

〈問題〉　（問題39－１左側の絵を渡す）

絵をよく見て覚えてください。
（30秒後に、問題39－１左側の絵を伏せ、問題39－１右側の絵を渡す）
①②③④
今見た絵の中ににあったものを、それぞれの四角の中から選んで、○をつけてください。
（問題39－２の絵を渡す）
⑤左側の絵を見てください。上の見本の絵の通りに、下のマスに記号を書き写してください。
⑥⑦⑧
右の絵を見てください。それぞれの段の上の絵のものを、真上から見たらどのように見えますか。その絵を下の中から選んで、○をつけてください。

〈時間〉　①②③④記憶：30秒　解答：各10秒　⑤１分　⑥⑦⑧各15秒

〈解答〉　①右　②右　③真ん中　④真ん中　⑤省略
⑥右から２番目　⑦右端　⑧右から２番目

［2019年度出題］

学習のポイント

一見すると、それぞれ異なる問題ですが、ものをよく観察する力が観点となっている点が共通しています。問題39－１のように一定の時間で記号を覚える場合には、まず全体を見て大まかな配置や特徴をつかんでから、１つひとつを細かく覚えます。問題39－２の左側の場合は、お手本を見ながら記号を転記しますが、左上から順番に写したり、同じ記号を連続して写したりなど、目の配り方を決めることが大切です。右側では、絵の形を正確にとらえてから、真上から見た時の形を思い浮かべます。ひとくちに「よく観察する」とは言いますが、目の配り方は問題によってさまざまです。もし、お子さまが絵をうまく把握できていないようならば、問題ごとに絵の見方を具体的にアドバイスするとよいでしょう。

【おすすめ問題集】
Ｊｒ・ウォッチャー２「座標」、10「四方からの観察」、20「見る記憶・聴く記憶」

問題40　分野：数量（積み木）

観察　考え

〈準 備〉　鉛筆、消しゴム

〈問 題〉　**この問題の絵は縦に使用してください。**
①左の積み木の数に、１つ数を増やしたものを右の積み木の中から選んで、○をつけてください。
②左の積み木の数から、１つ数を減らしたものを右の積み木の中から選んで、○をつけてください。
③積み木の数を数えて、その数だけ右の四角に○を書いてください。

〈時 間〉　各15秒

〈解 答〉　①右上　②左下　③○：９

［2019年度出題］

学習のポイント

積み木を使った計数の問題は、当校で毎年出題されている頻出分野です。立体図形を把握する力と、正確に数える力が観点となっています。積み木の数は10個以下のものばかりなので、問題そのものはそれほど難しくはありませんが、解答時間が短いため、重ねられた積み木の数を１度で正確にかぞえることがポイントになります。③の絵のように積み木を重ねた場合、奥の方にある積み木は、手前の積み木に隠れて見えなくなっています。つまり、絵からは確認できない積み木の数も含めて、数えなくてはいけません。上手に数えるためには、積み木を数える順番を、あらかじめ決めておく方法があります。このような問題で、積み木が宙に浮いていることはないので、上の方にある積み木の下には、必ず別の積み木が置かれていることになります。そこで、立体をタテに切り分けて、左側から右側へと順番に数えると、隠れている積み木を数え忘れたり、同じ積み木を２度数えたりする失敗を減らすことができます。ふだんの練習では、平面に描かれた積み木を数えたあとで、実際に積み木で同じ形を作って、確認しながら数えることで、絵に描かれた立体を把握する力を伸ばしましょう。

【おすすめ問題集】
Ｊｒ・ウォッチャー16「積み木」、53「四方からの観察　積み木編」

立命館小学校　専用注文書

年　　月　　日

合格のための問題集ベスト・セレクション

＊入試頻出分野ベスト３

1st　推　理

集中力　聞く力　観察力　思考力

2nd　数　量

聞く力　思考力

3rd　常　識

集中力　聞く力　知　識

当校の推理分野の問題は、行動推理、小問集合など独特の形式で出題されるため、幅広く学習することが大切です。図形分野では高い観察力が、お話の記憶では細かい部分まで聞き取る力が必要です。

分野	書　名	価格(税抜)	注文	分野	書　名	価格(税抜)	注文
図形	Ｊｒ・ウォッチャー２「座標」	1,500円	冊	数量	Ｊｒ・ウォッチャー39「たし算・ひき算２」	1,500円	冊
推理	Ｊｒ・ウォッチャー６「系列」	1,500円	冊	数量	Ｊｒ・ウォッチャー40「数を分ける」	1,500円	冊
図形	Ｊｒ・ウォッチャー10「四方からの観察」	1,500円	冊	常識	Ｊｒ・ウォッチャー55「理科②」	1,500円	冊
数量	Ｊｒ・ウォッチャー15「比較」	1,500円	冊	常識	Ｊｒ・ウォッチャー56「マナーとルール」	1,500円	冊
数量	Ｊｒ・ウォッチャー16「積み木」	1,500円	冊	推理	Ｊｒ・ウォッチャー58「比較②」	1,500円	冊
言語	Ｊｒ・ウォッチャー17「言葉の音遊び」	1,500円	冊	言語	Ｊｒ・ウォッチャー60「言葉の音（おん）」	1,500円	冊
記憶	Ｊｒ・ウォッチャー20「見る記憶・聴く記憶」	1,500円	冊		1話5分の読み聞かせお話集①②	1,800円	各　冊
巧緻性	Ｊｒ・ウォッチャー23「切る・貼る・塗る」	1,500円	冊		お話の記憶 中級編	2,000円	冊
常識	Ｊｒ・ウォッチャー27「理科」	1,500円	冊		実践 ゆびさきトレーニング①②③	2,500円	各　冊
推理	Ｊｒ・ウォッチャー31「推理思考」	1,500円	冊		小学校受験で知っておくべき125のこと	2,600円	冊
推理	Ｊｒ・ウォッチャー32「ブラックボックス」	1,500円	冊		新 小学校受験の入試面接Q＆A	2,600円	冊
推理	Ｊｒ・ウォッチャー33「シーソー」	1,500円	冊		保護者のための入試面接最強マニュアル	2,000円	冊
常識	Ｊｒ・ウォッチャー34「季節」	1,500円	冊		面接テスト問題集	2,000円	冊
数量	Ｊｒ・ウォッチャー38「たし算・ひき算１」	1,500円	冊		新 願書・アンケート文例集500	2,600円	冊

合計	冊	円

（フリガナ） 氏　名	電　話 ＦＡＸ E-mail
住 所　〒　　　－	以前にご注文されたことはございますか。 有　・　無

★お近くの書店、または記載の電話・FAX・ホームページにてご注文をお受けしております。
電話：03-5261-8951　FAX：03-5261-8953　代金は書籍合計金額＋送料がかかります。
※なお、落丁・乱丁以外の理由による商品の返品・交換には応じかねます。
★ご記入頂いた個人に関する情報は、当社にて厳重に管理致します。なお、ご購入の商品発送の他に、当社発行の書籍案内、書籍に関する調査に使用させて頂く場合がございますので、予めご了承ください。

日本学習図書株式会社
http://www.nichigaku.jp

問題1

①

②

③

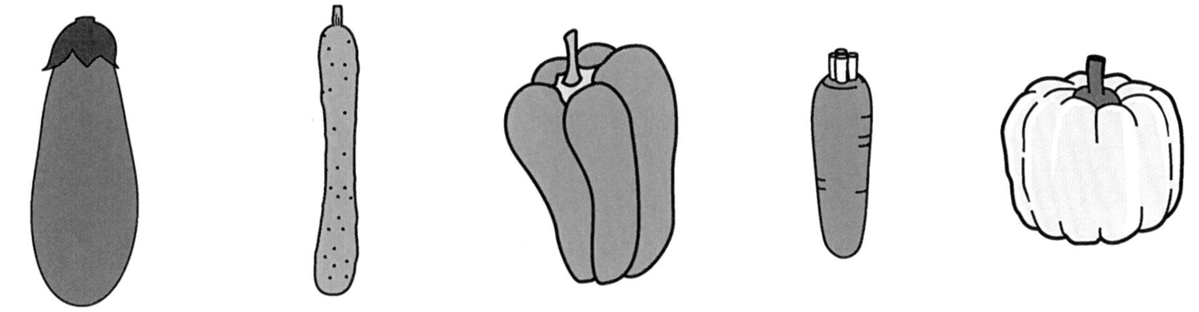

④

⑤

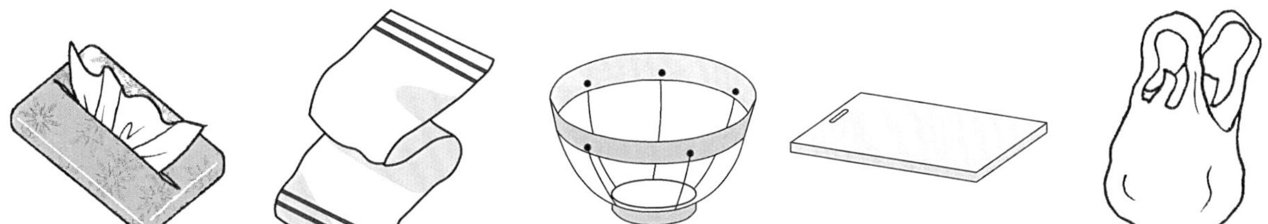

⑥

☆　洛南高等学校附属小学校

問題2

☆　洛南高等学校附属小学校

問題４

①

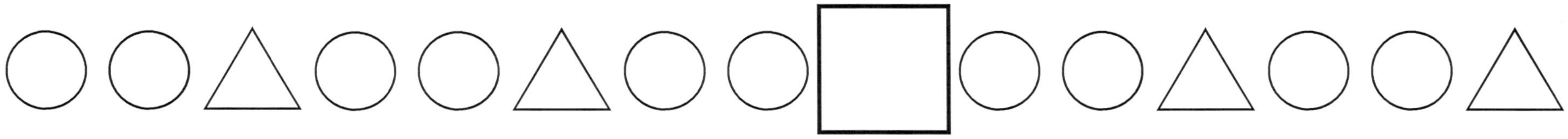

②

問題５－１

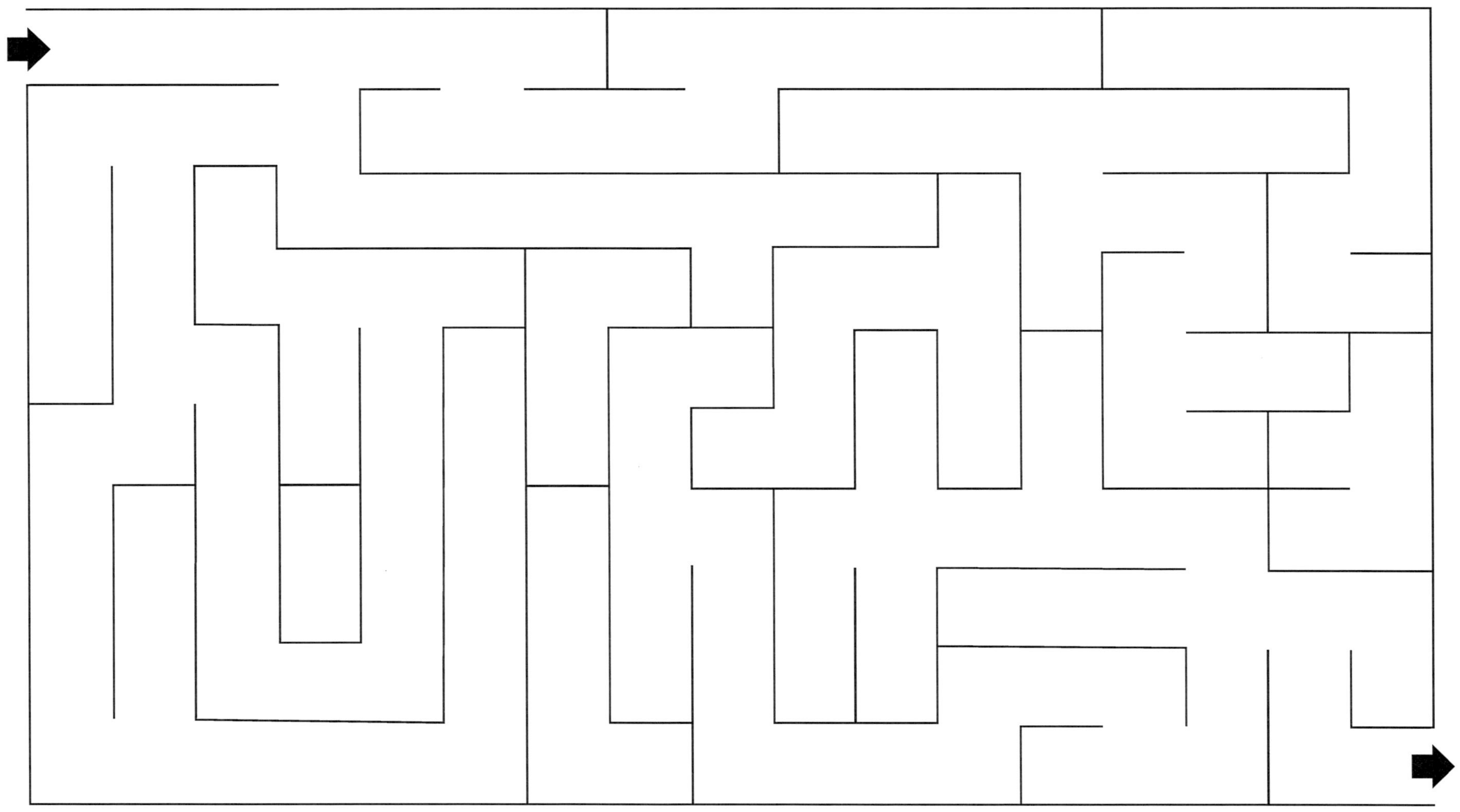

☆ 洛南高等学校附属小学校

2021 年度版 洛南・立命館 過去 無断複製／転載を禁ずる 日本学習図書株式会社

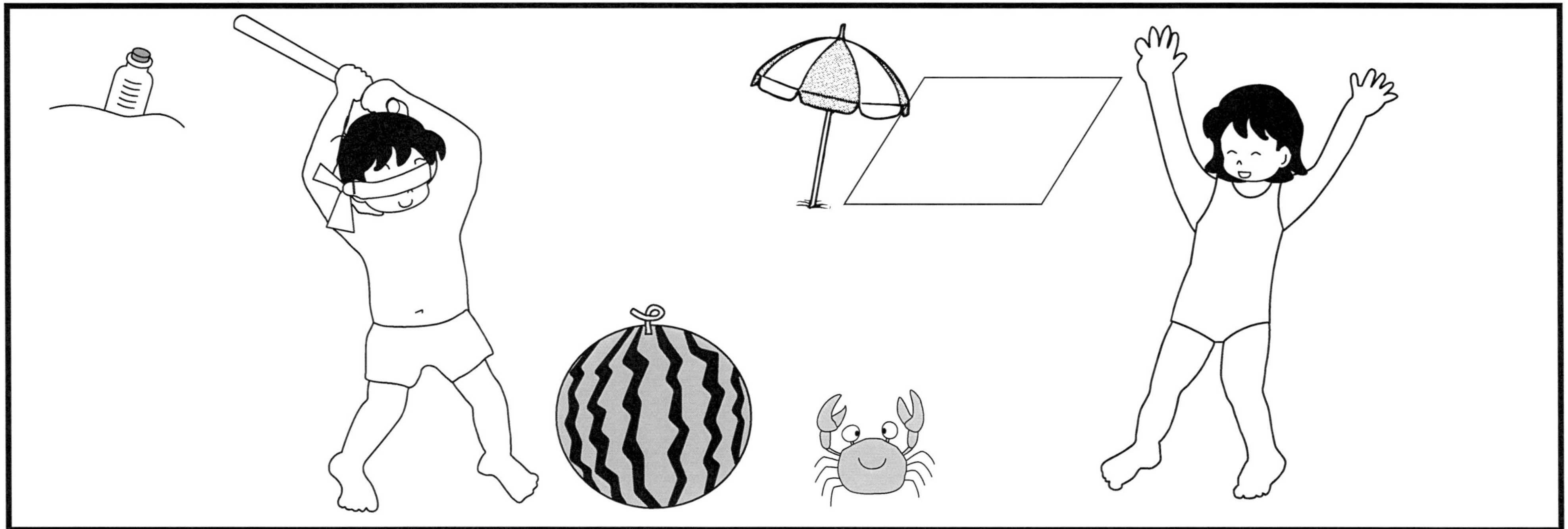

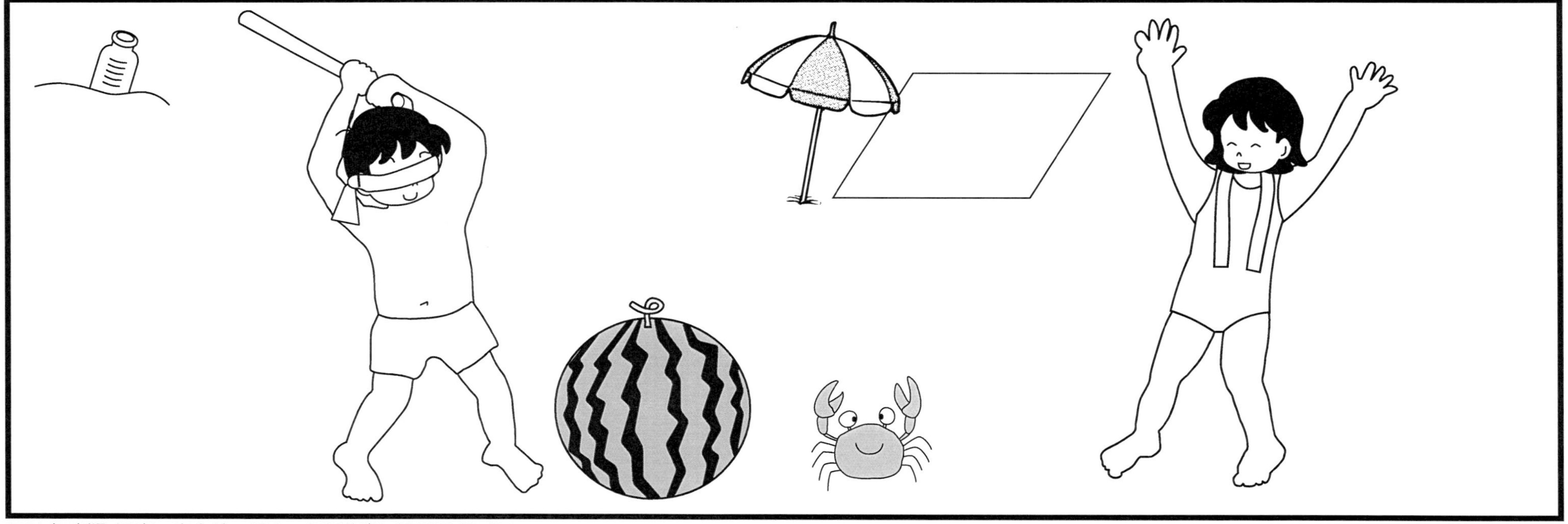

☆ 洛南高等学校附属小学校

日本学習図書株式会社

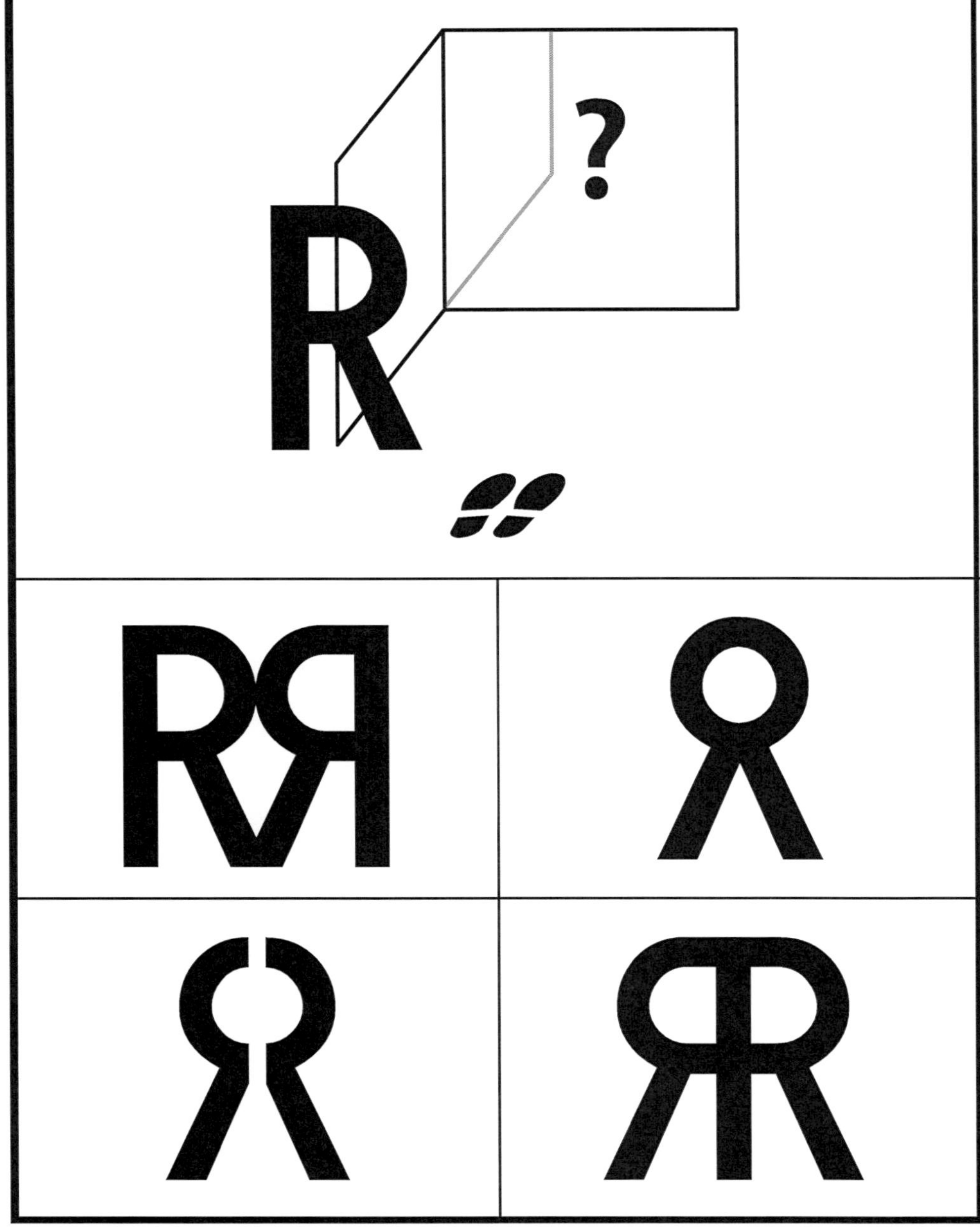

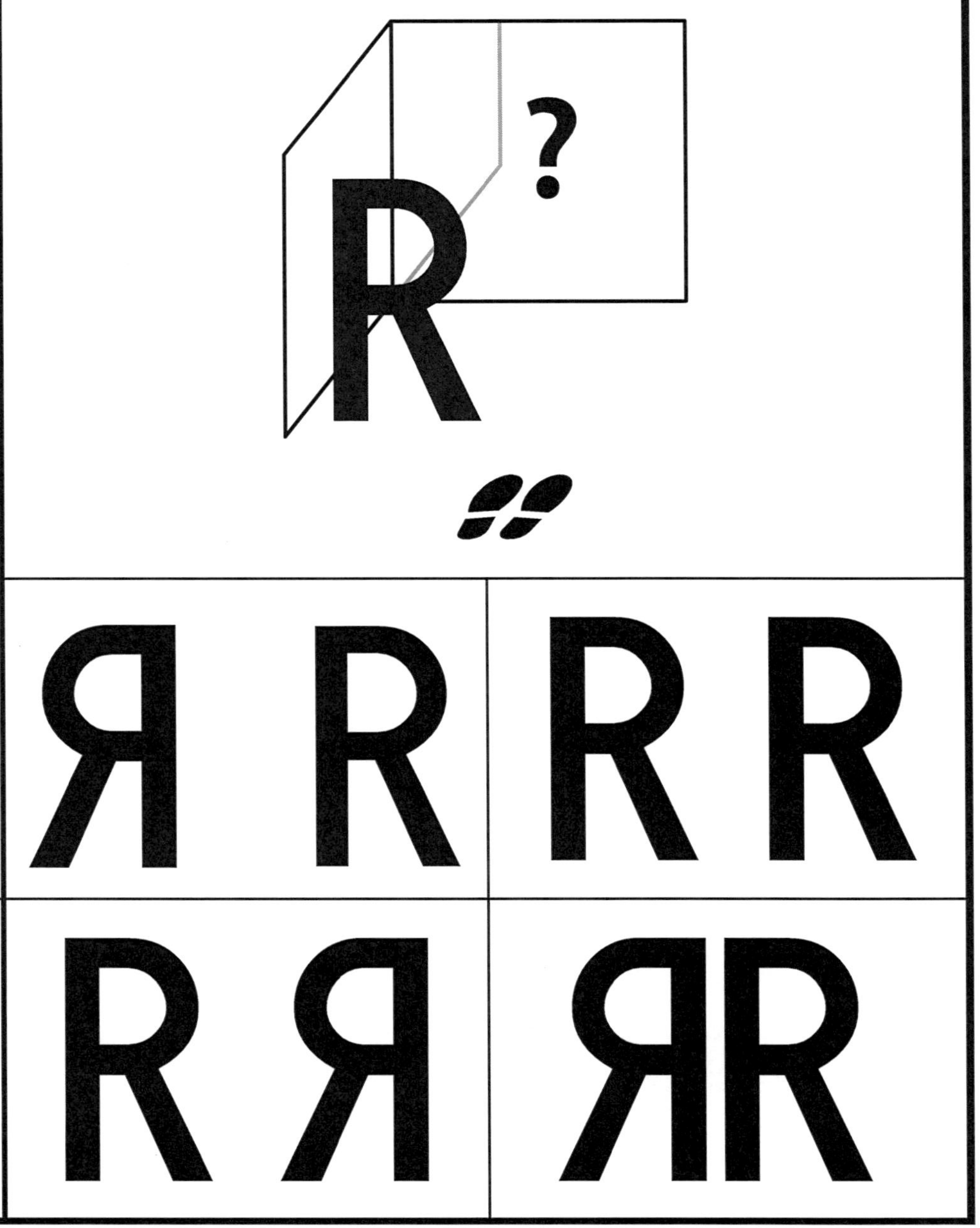

☆　洛南高等学校附属小学校

問題7

①

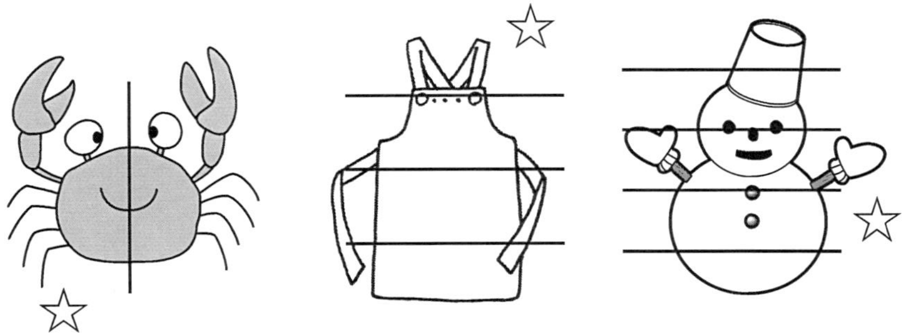

②

日本学習図書株式会社

問題 8

①

②

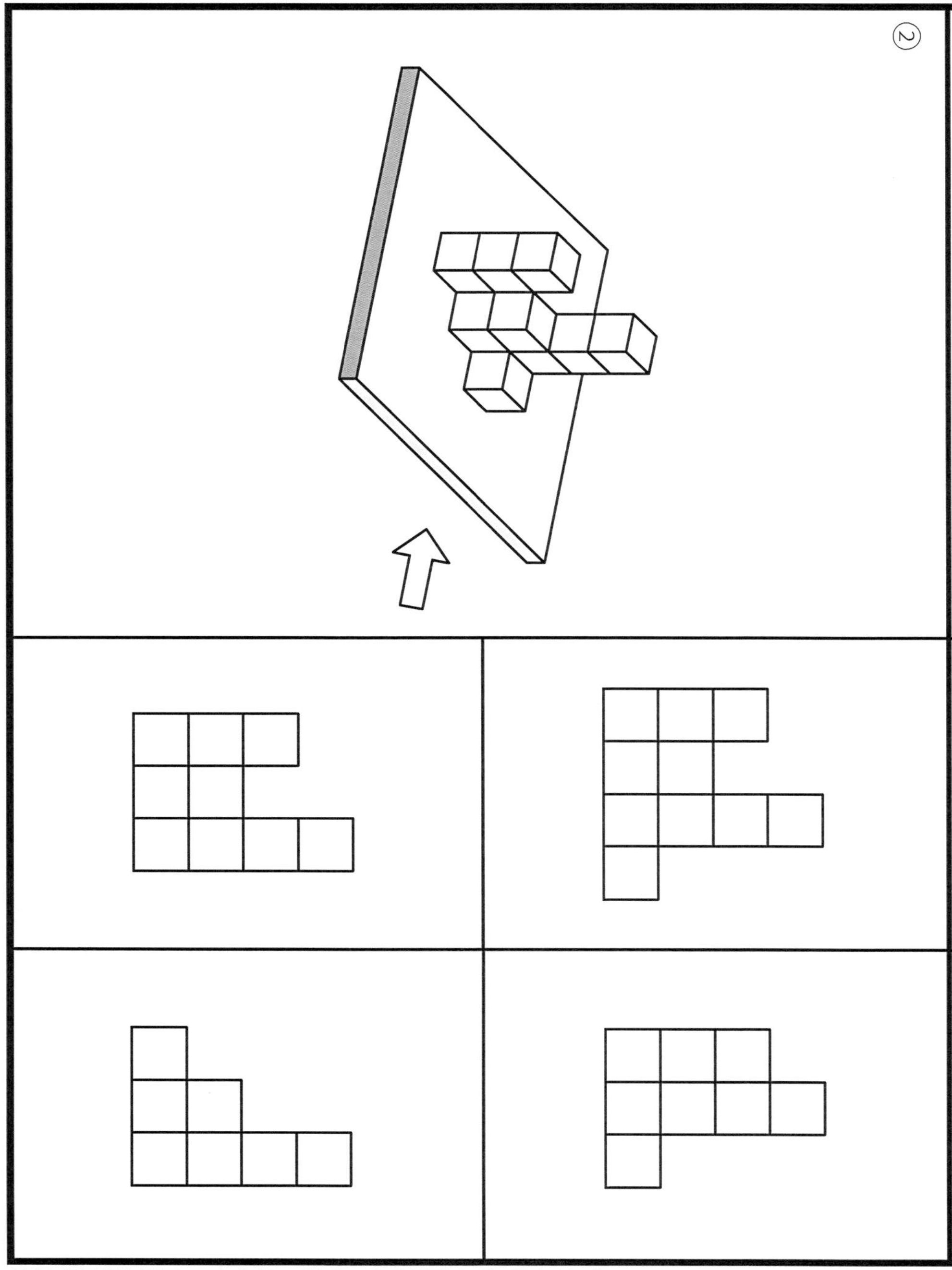

日本学習図書株式会社

☆　洛南高等学校附属小学校

問題9

①

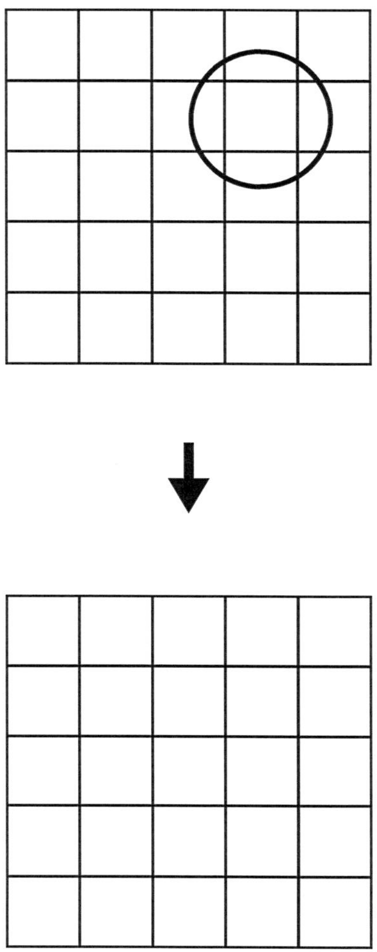

②

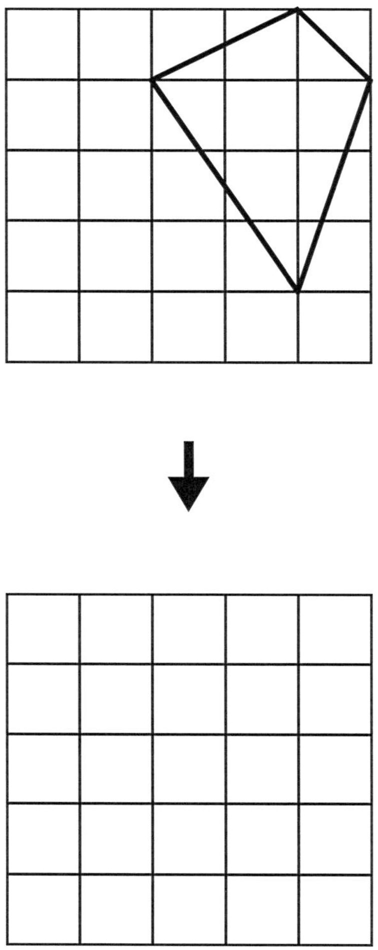

②

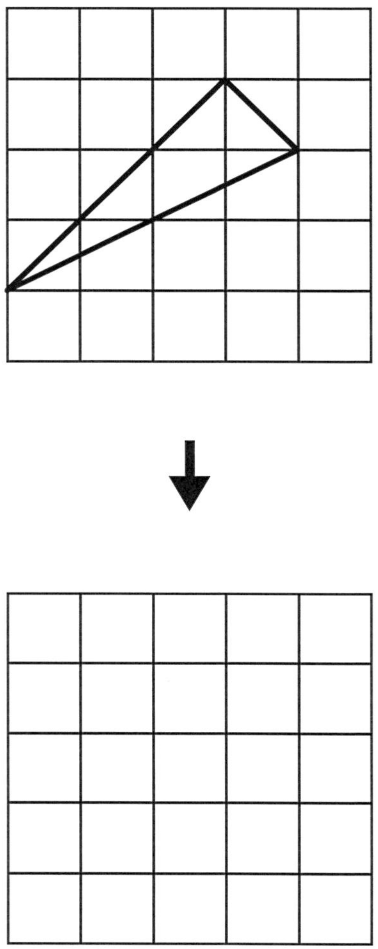

②

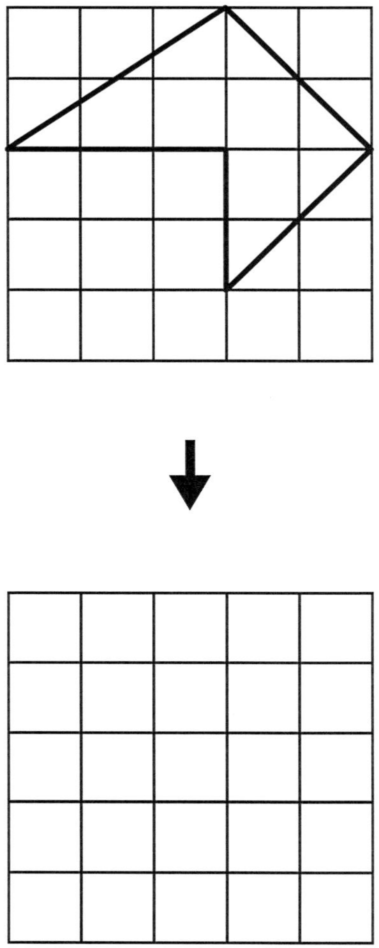

問題１０

☆　洛南高等学校附属小学校

①

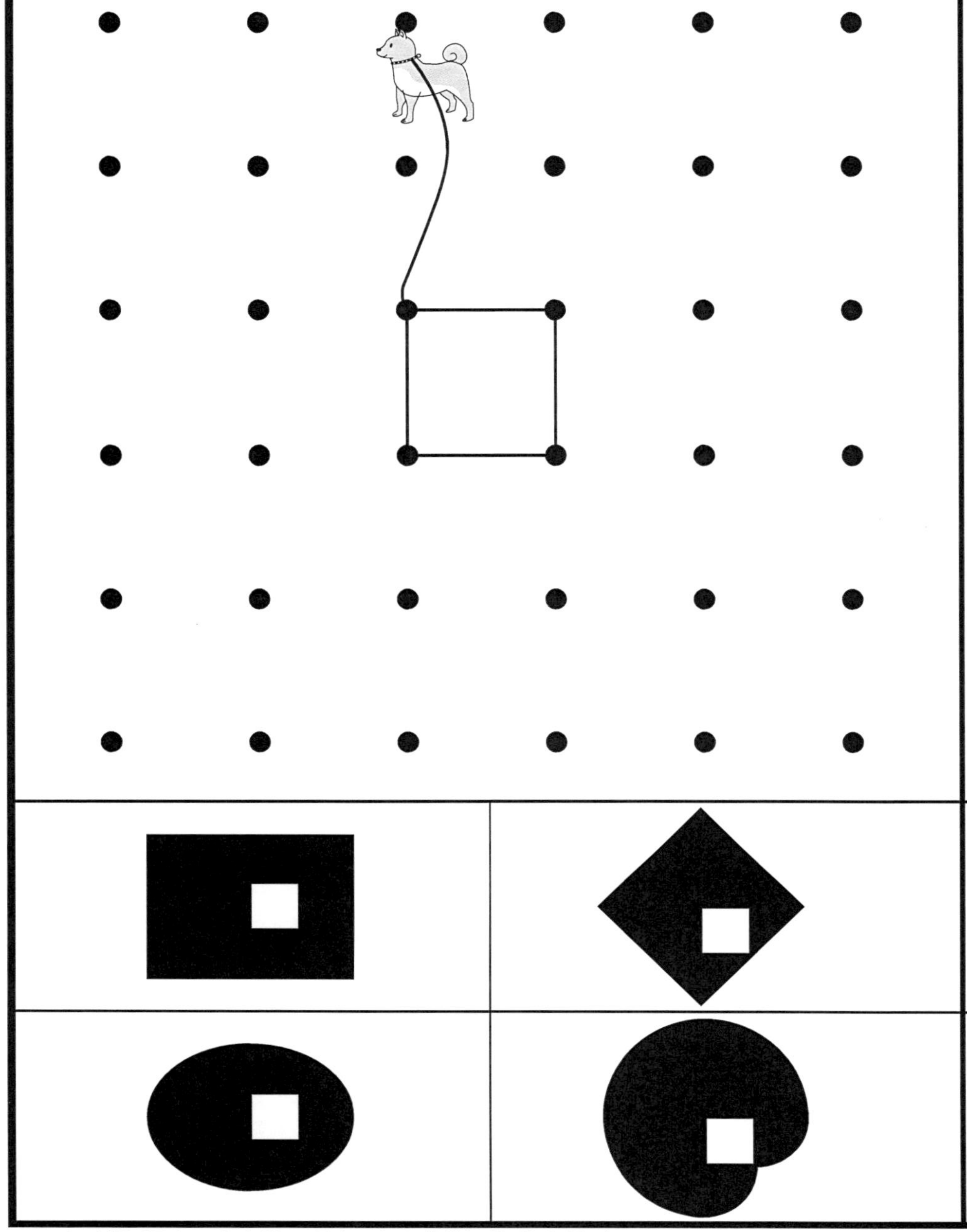

②

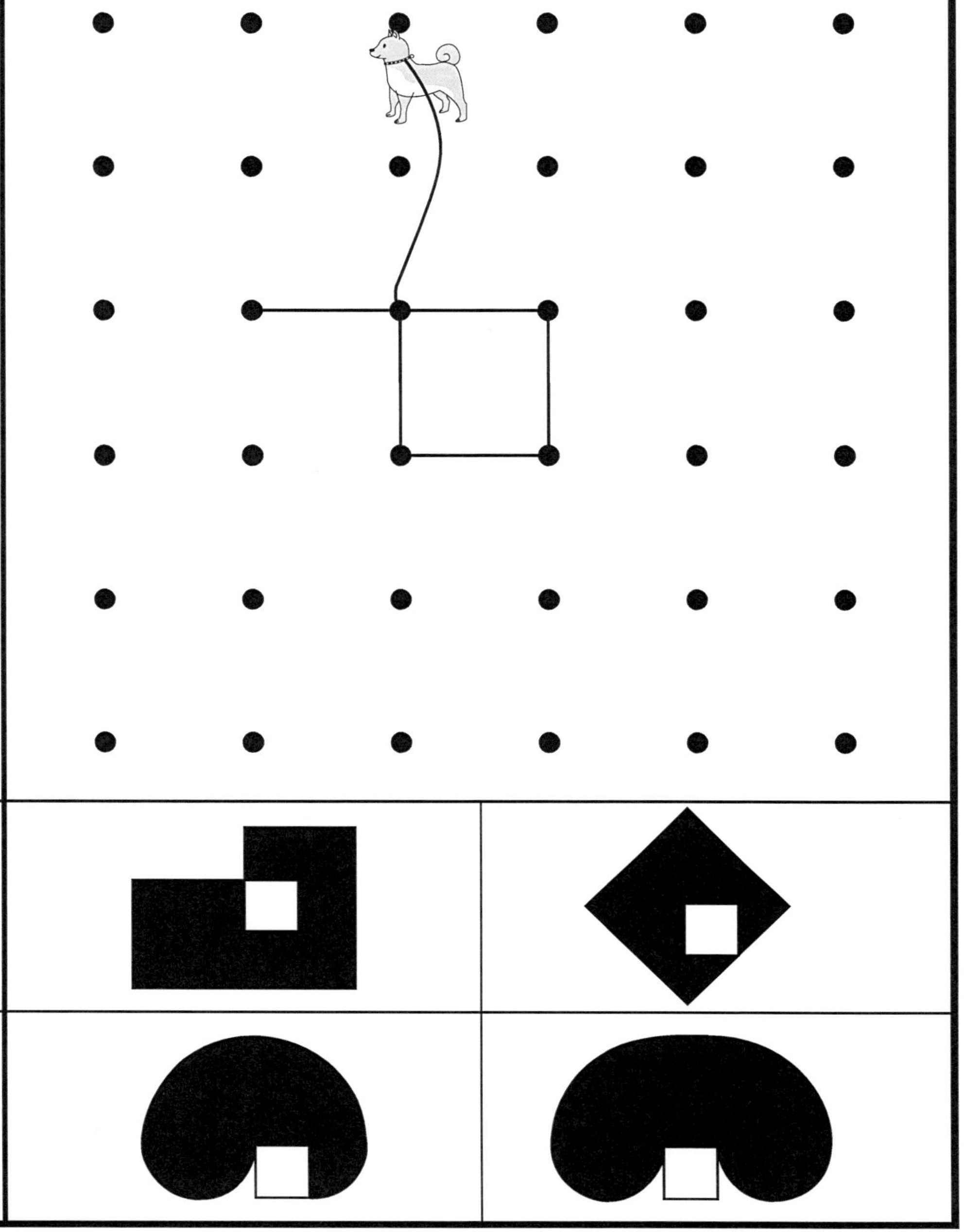

☆　洛南高等学校附属小学校

問題１１

①

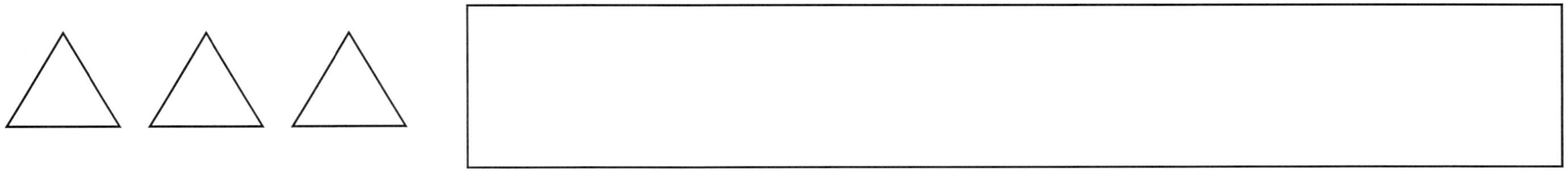

②

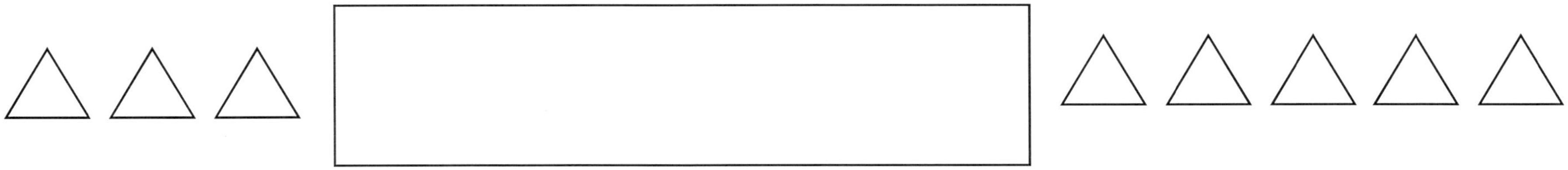

③

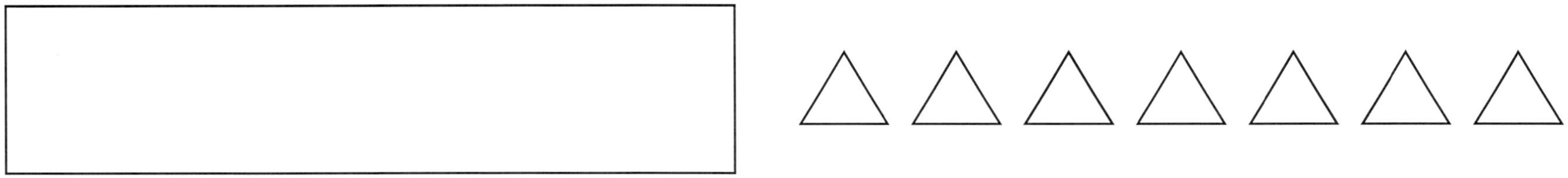

④

問題１２

①

②

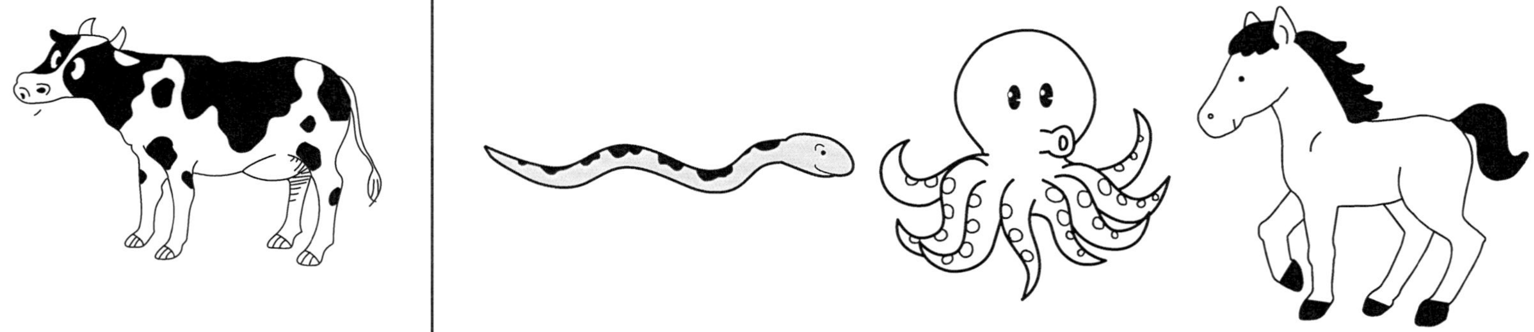

　

日本学習図書株式会社

☆　洛南高等学校附属小学校

問題１３

①

②

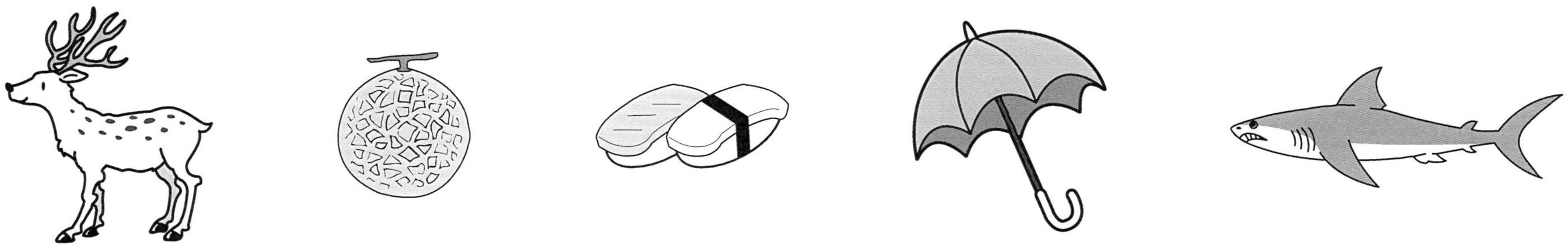

③

④

日本学習図書株式会社

問題１４

①

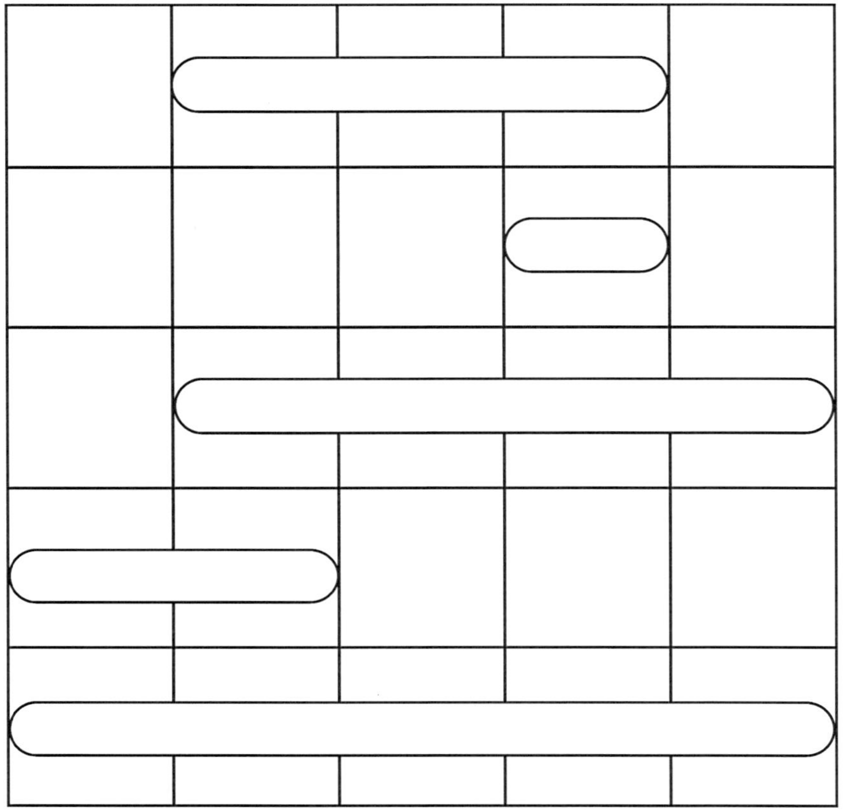

②

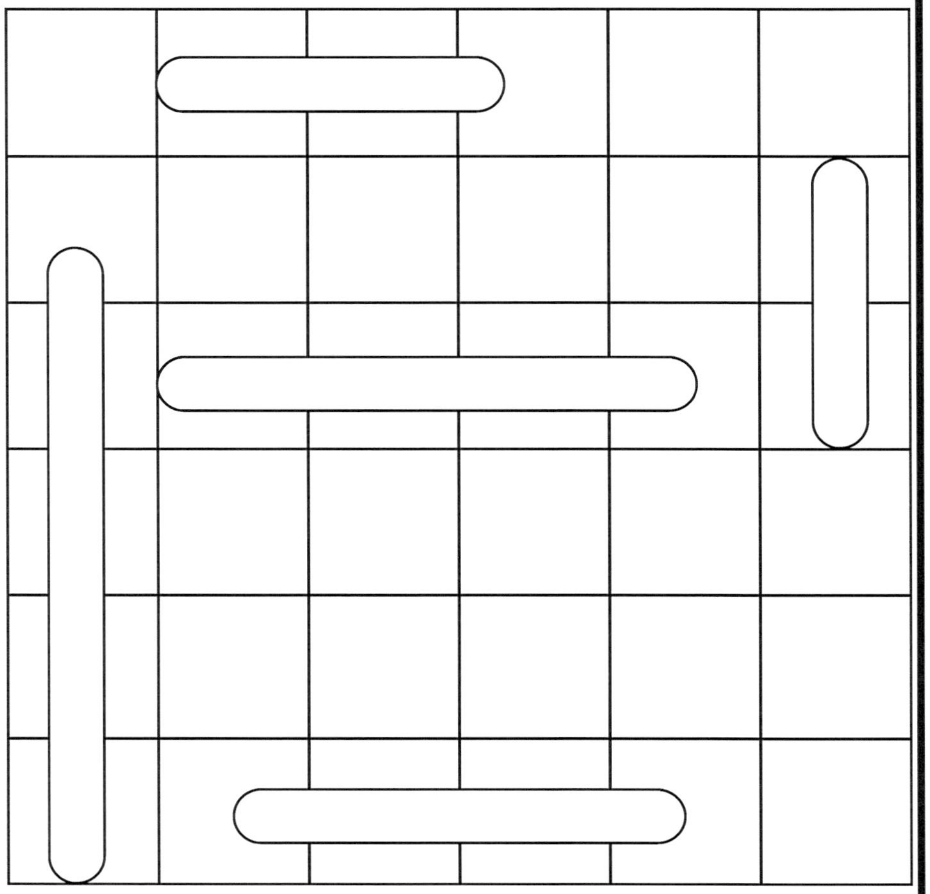

問題15

2021年度版 洛南・立命館 過去 無断複製／転載を禁ずる

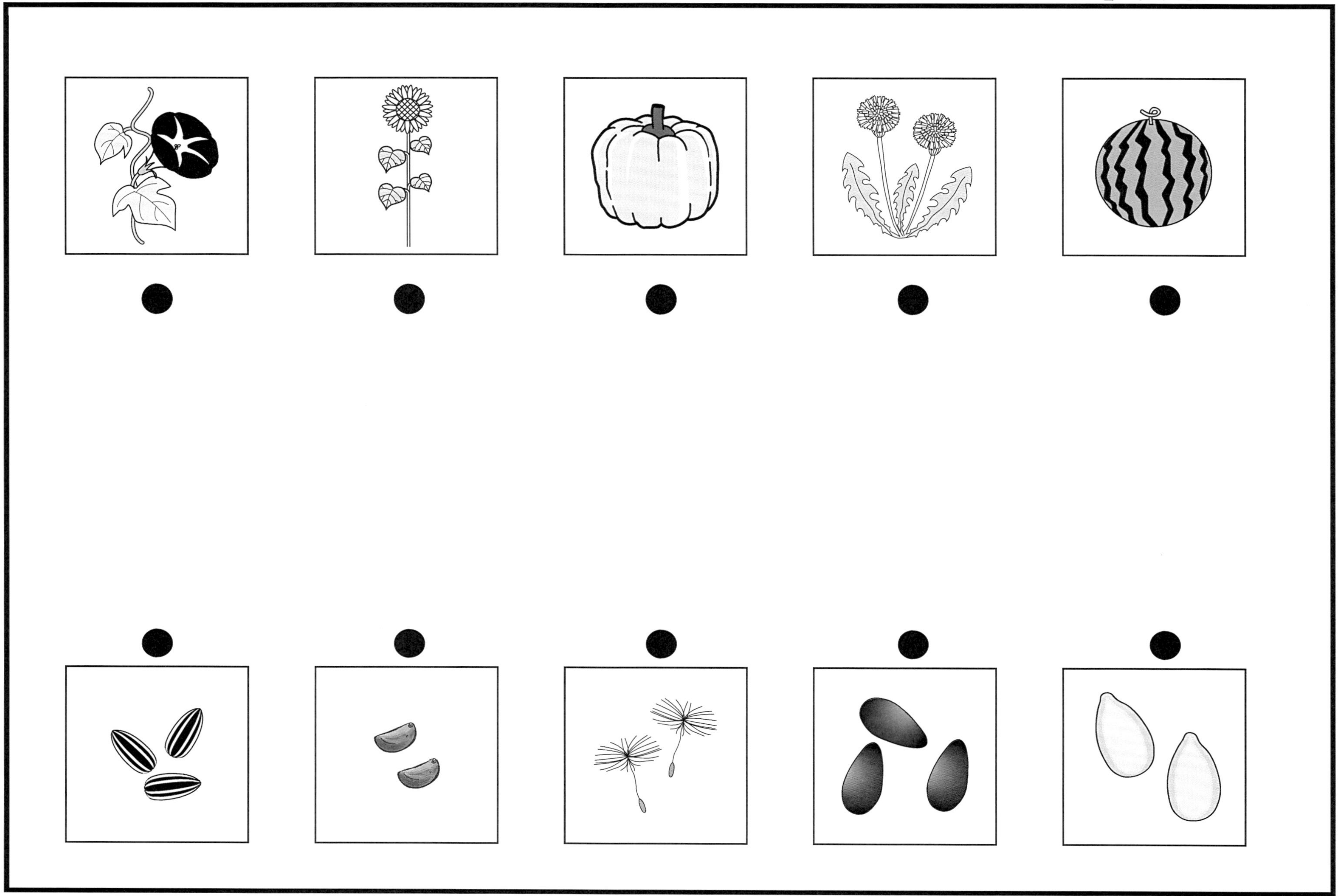

問題１６

①

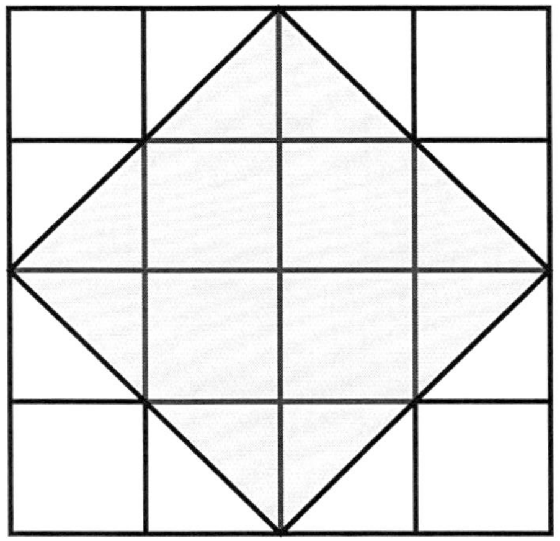

②

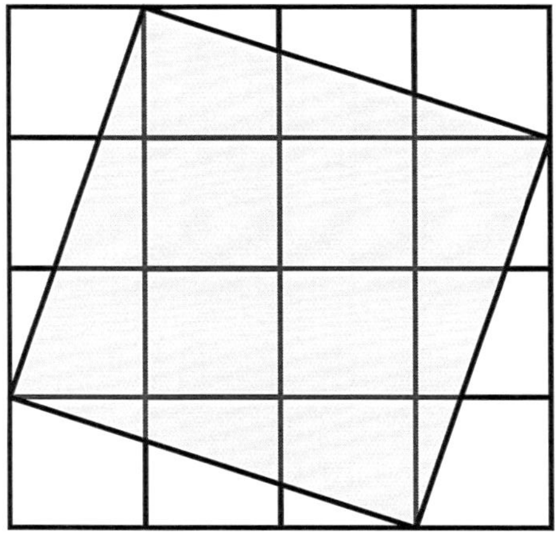

問題２０

日本学習図書株式会社

問題２１－１

日本学習図書株式会社

⑤

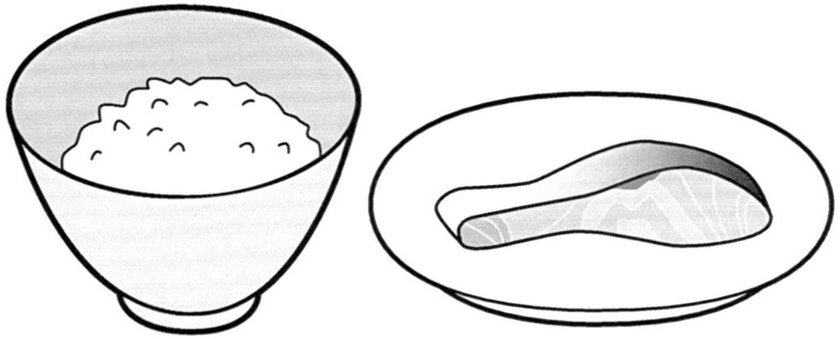

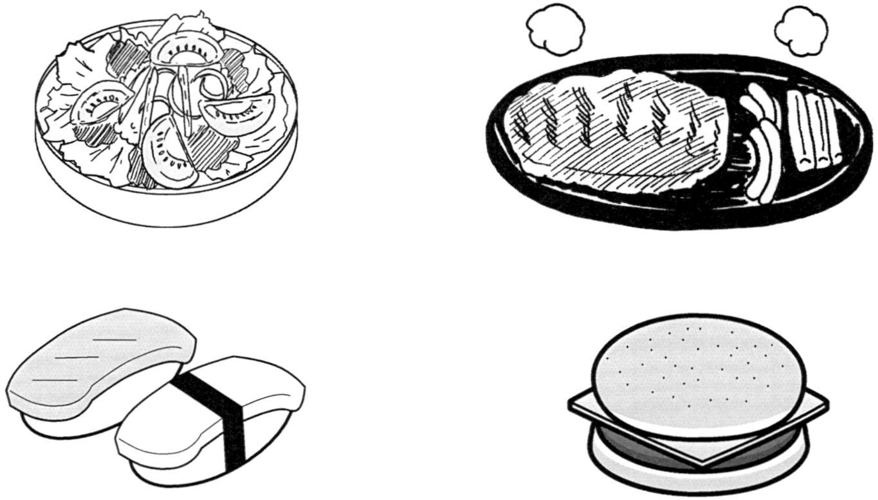

⑥

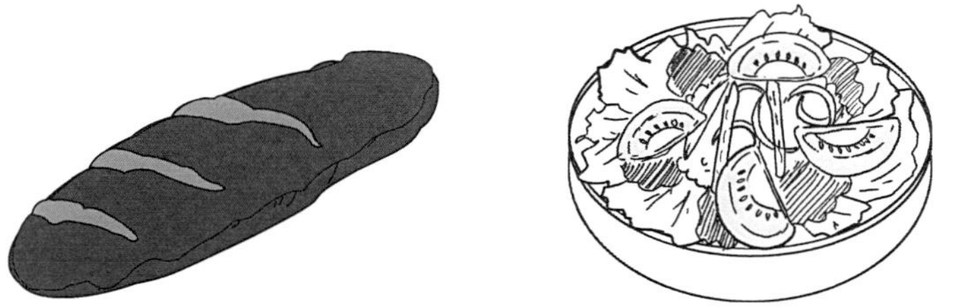

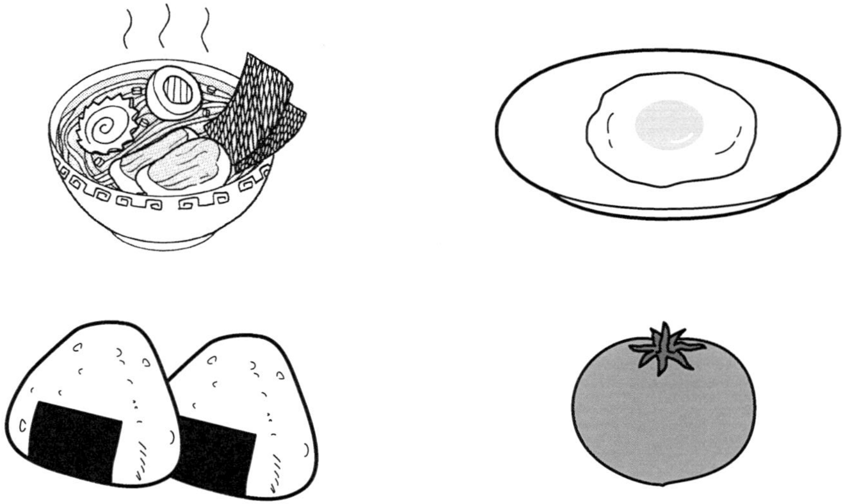

問題２１－３

⑦

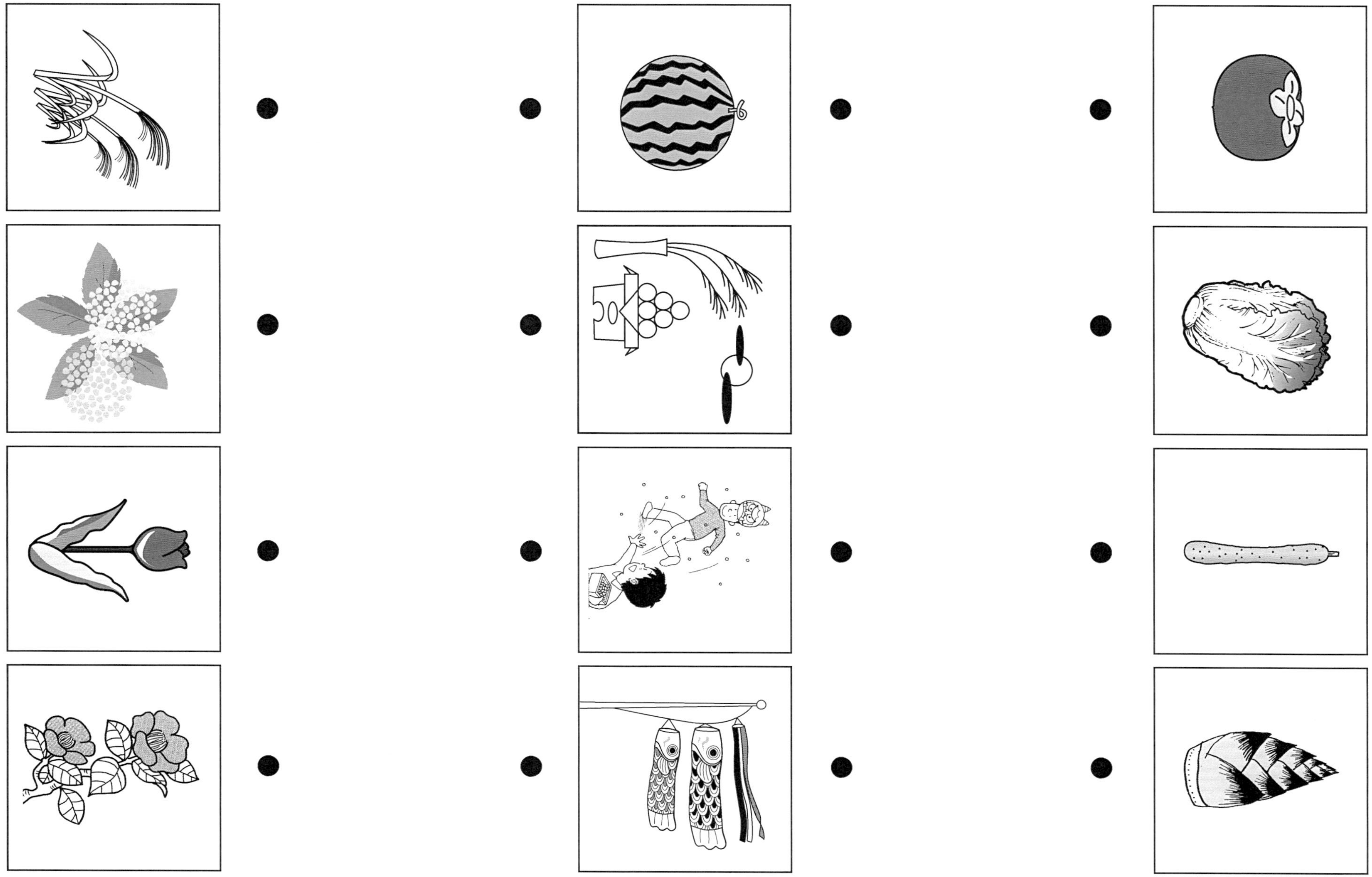

日本学習図書株式会社

☆　立命館小学校

問題２２－１

☆　立命館小学校

問題２２－２

①

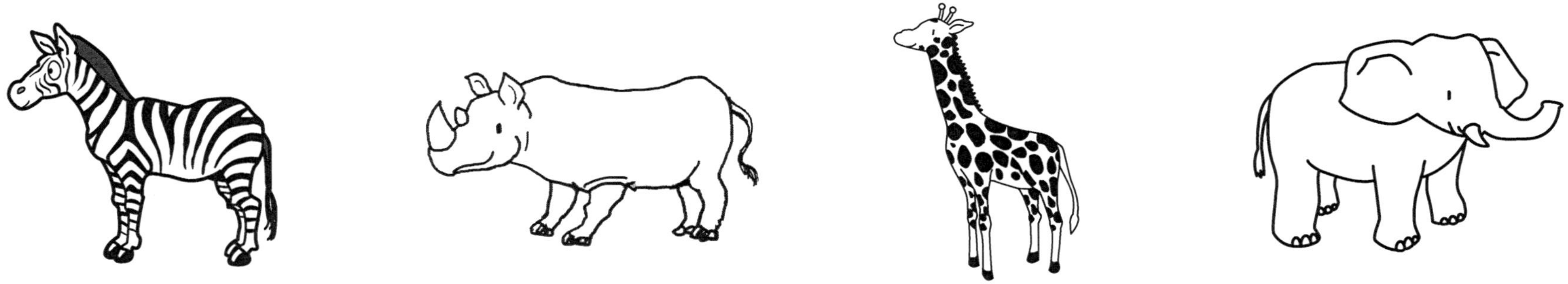

②

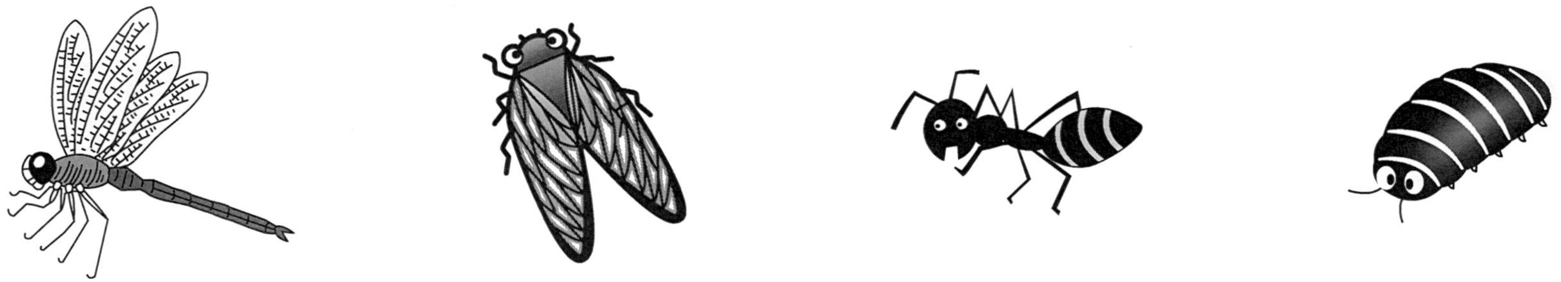

③

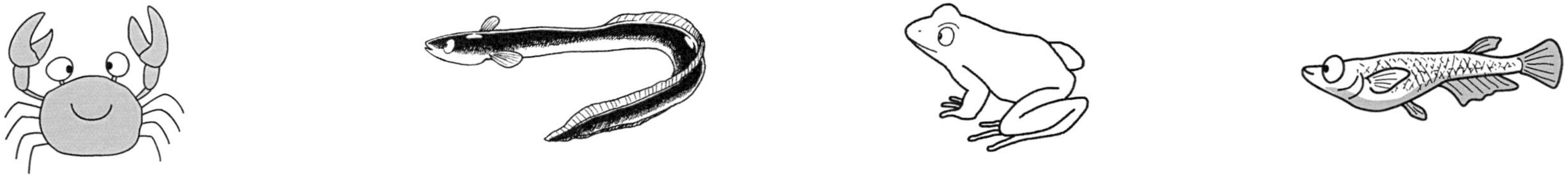

④

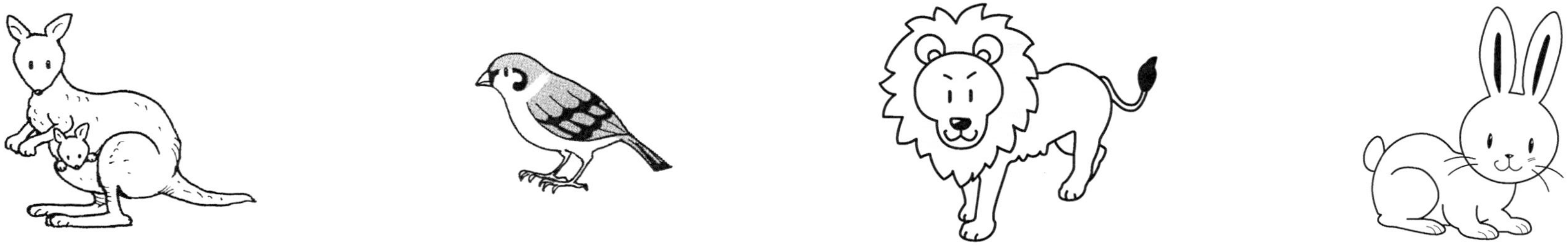

①

②

③

④

日本学習図書株式会社

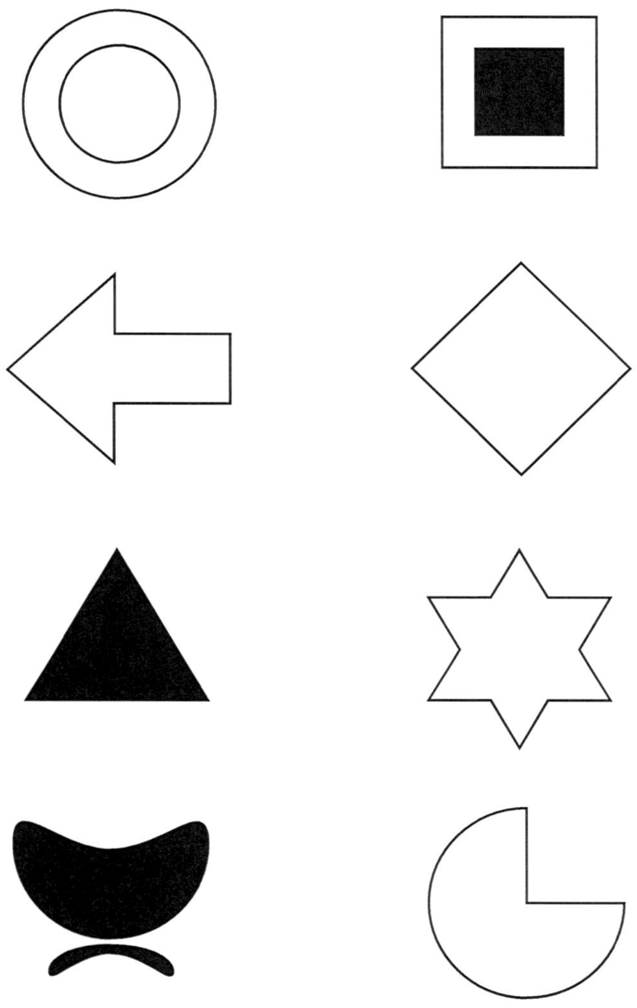

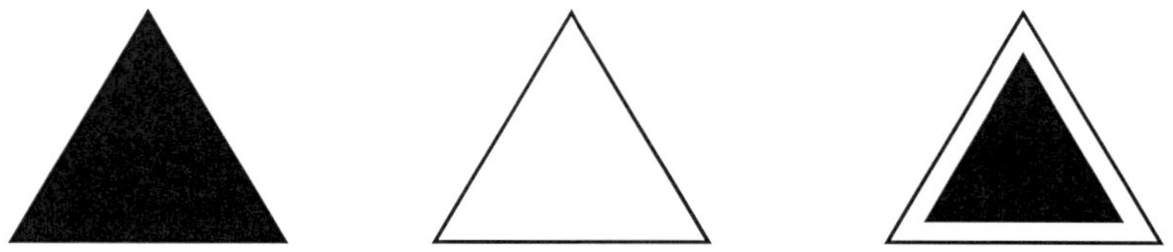

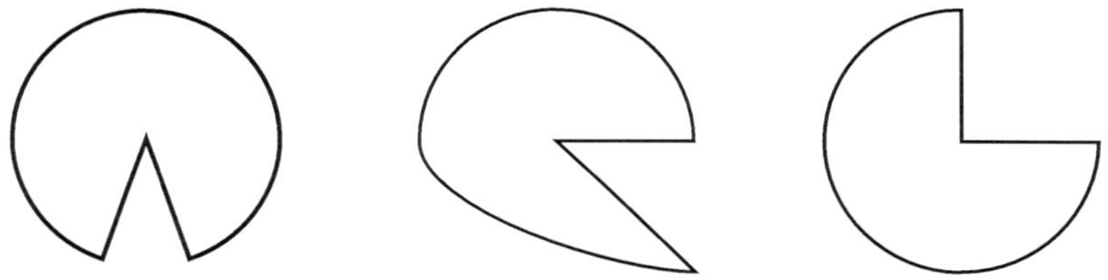

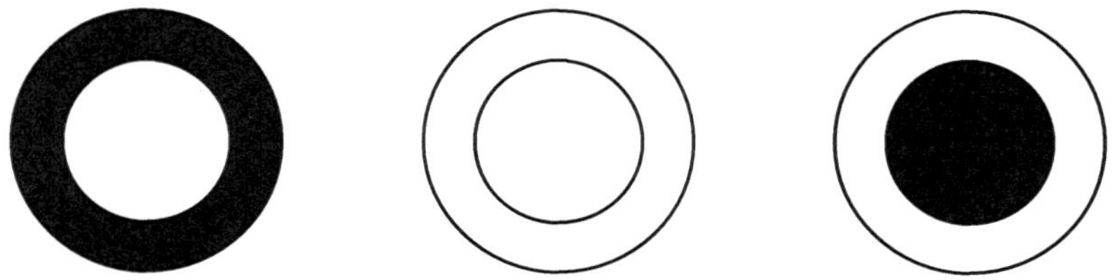

2021年度版 洛南・立命館 過去 無断複製／転載を禁ずる 日本学習図書株式会社

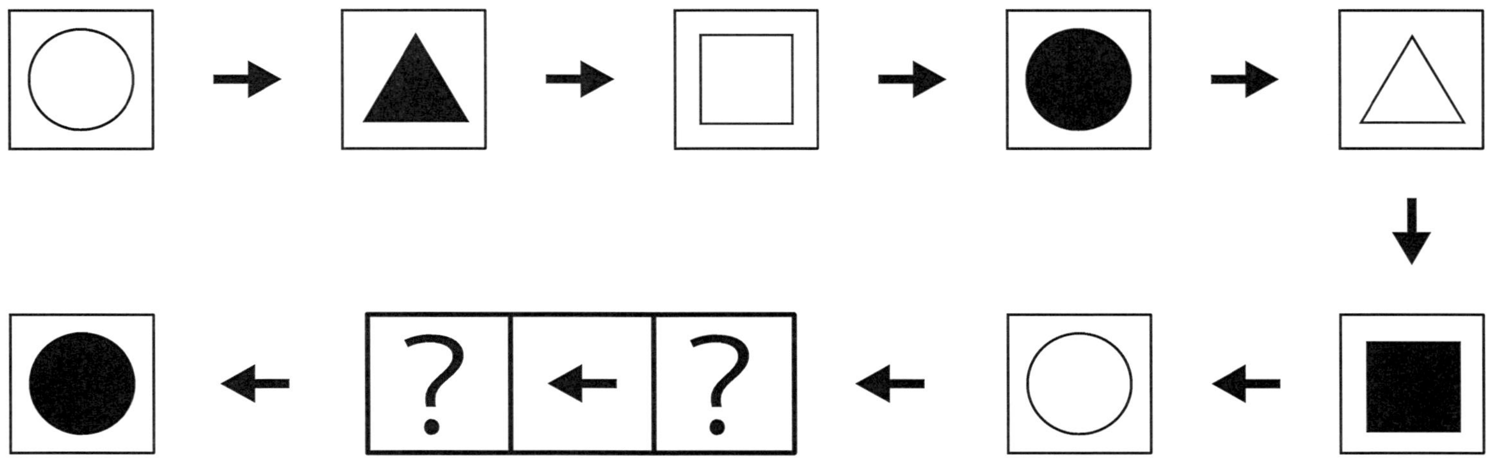

☆　立命館小学校

問題２５－２

①

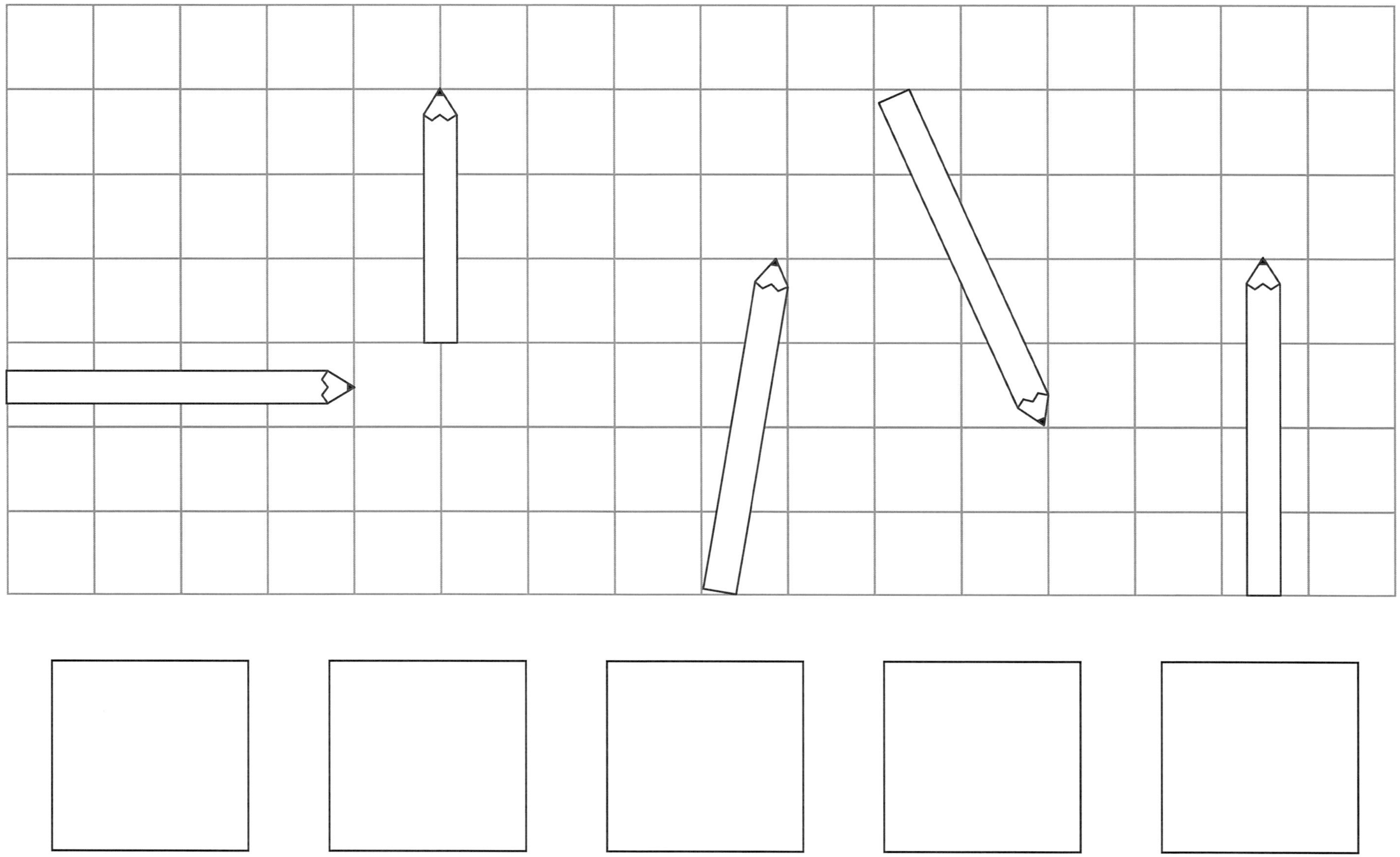

☆ 立命館小学校

2021 年度版 洛南・立命館　過去　無断複製／転載を禁ずる　日本学習図書株式会社

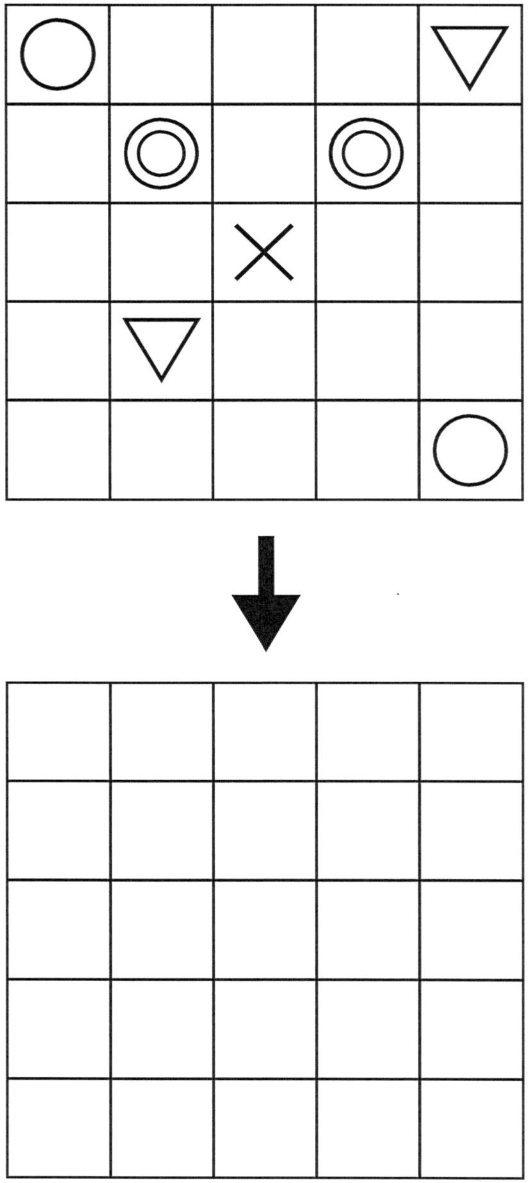

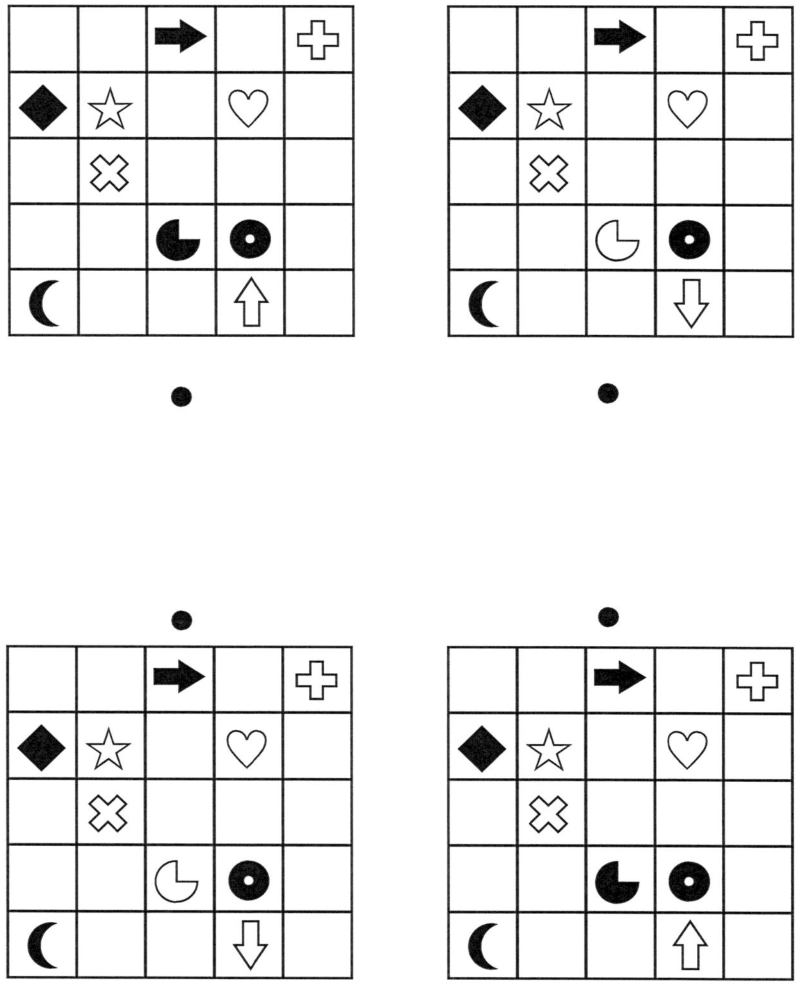

☆　立命館小学校

問題２７

①

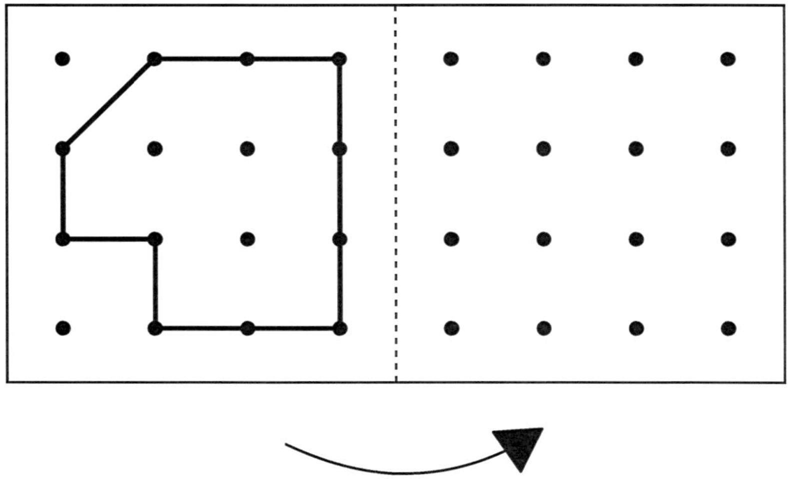

②

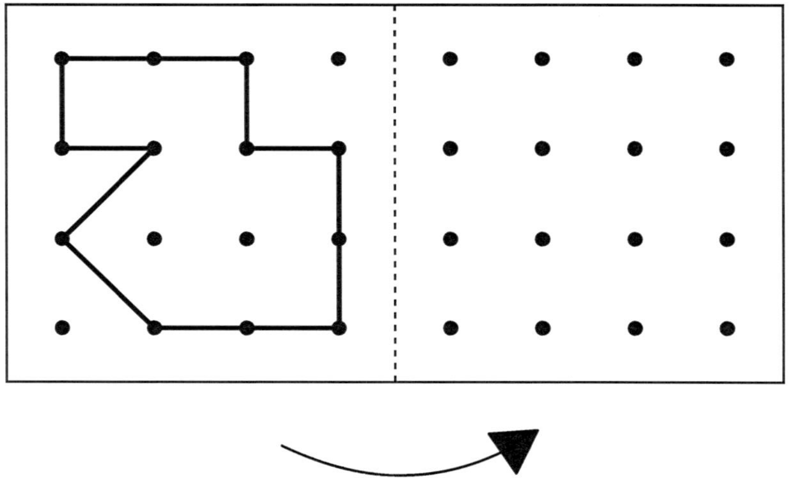

見本

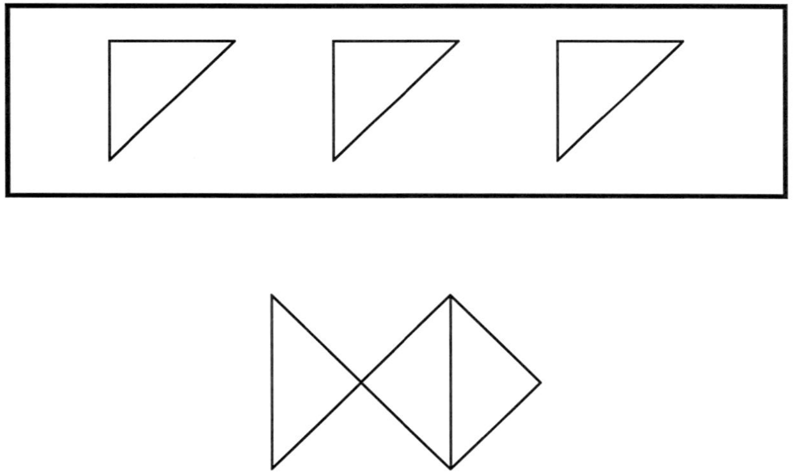

③

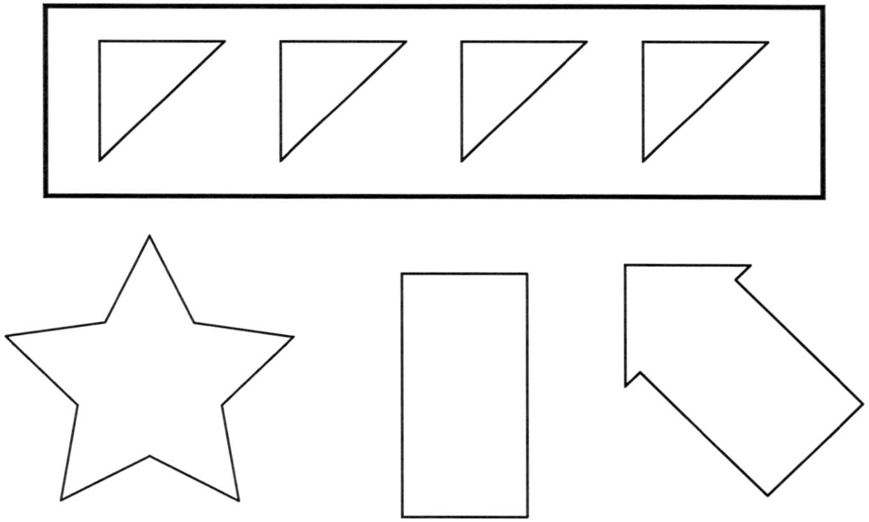

①

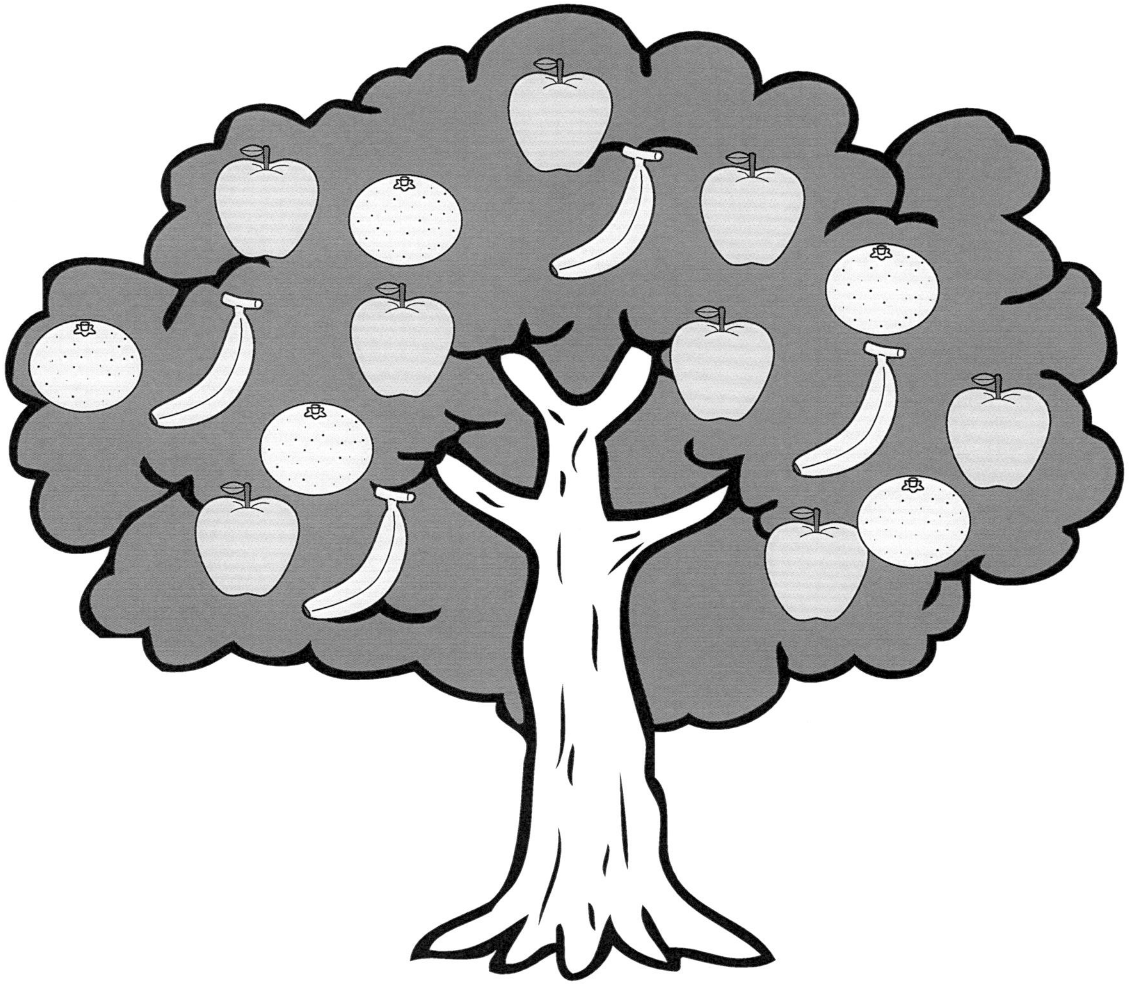

問題２８－２

①

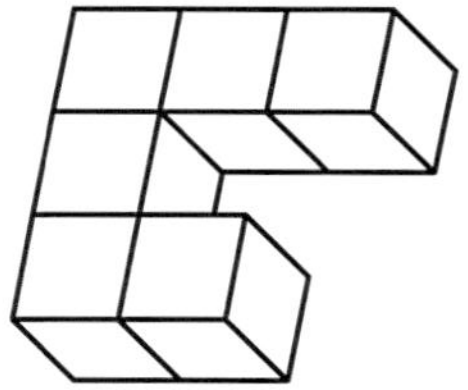

②

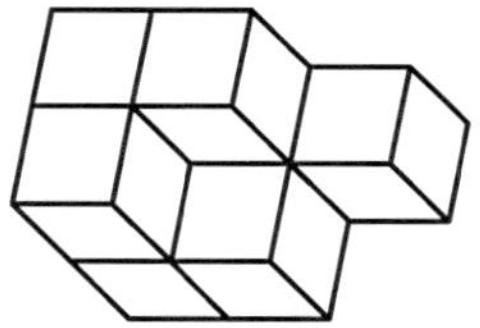

③

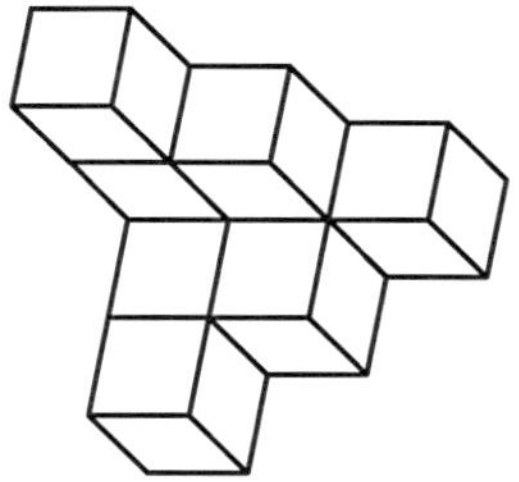

④

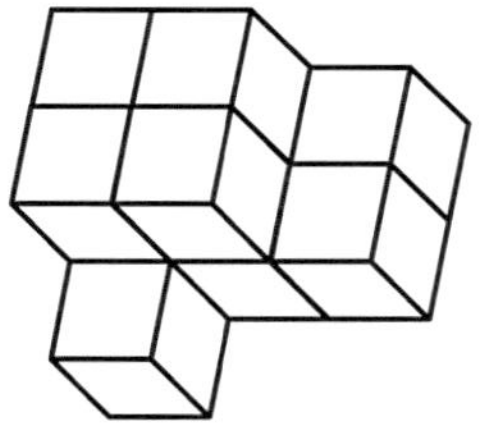

☆　立命館小学校

問題２９

①

②

問題３０

問題３２

☆　立命館小学校

①

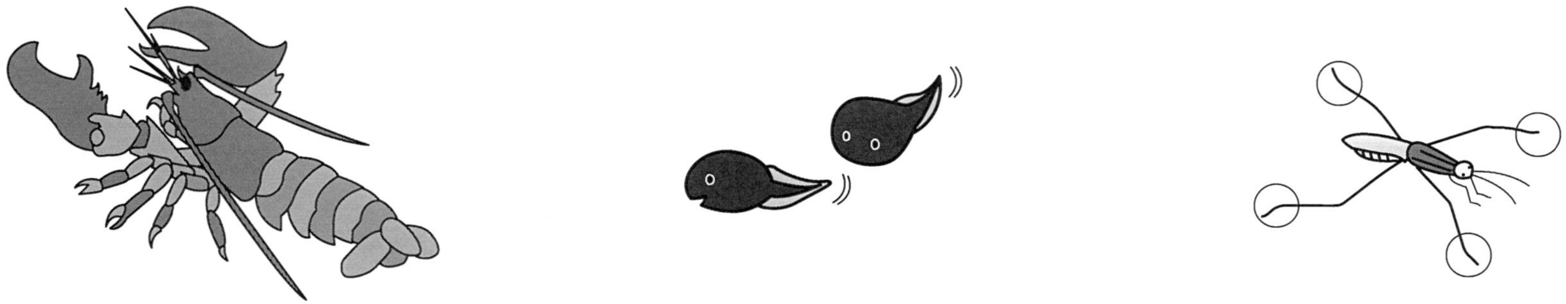

②

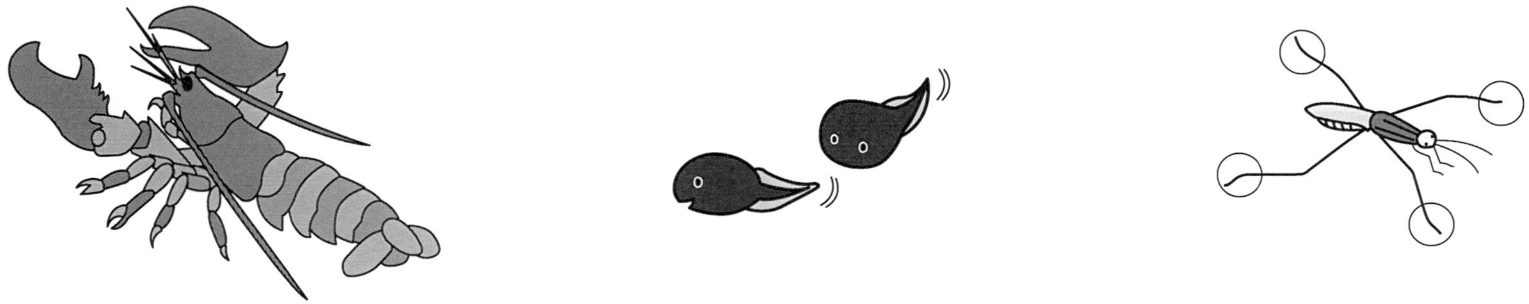

③

日本学習図書株式会社

問題３３－１

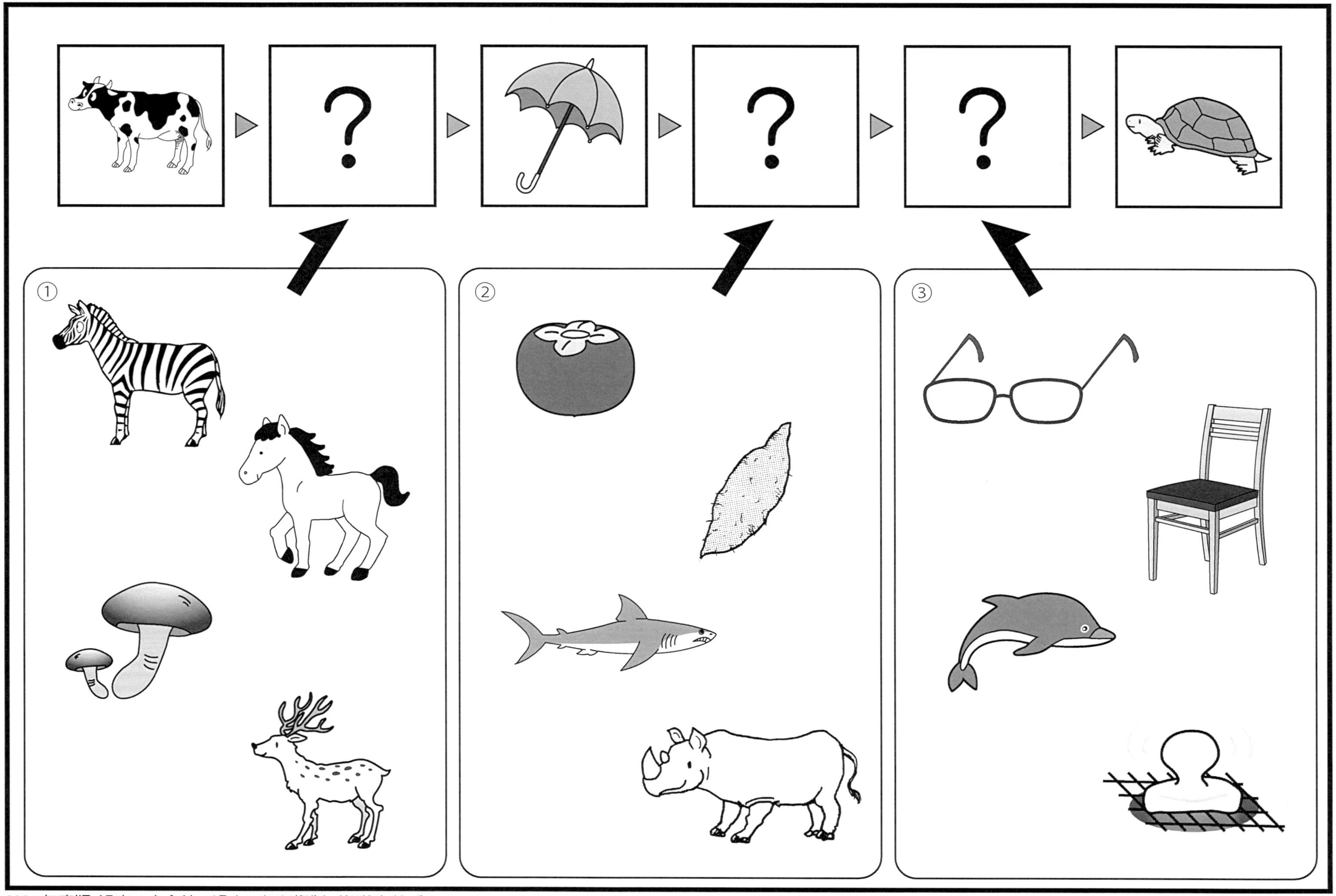

日本学習図書株式会社

☆　立命館小学校

問題３３－２

問題３４－１

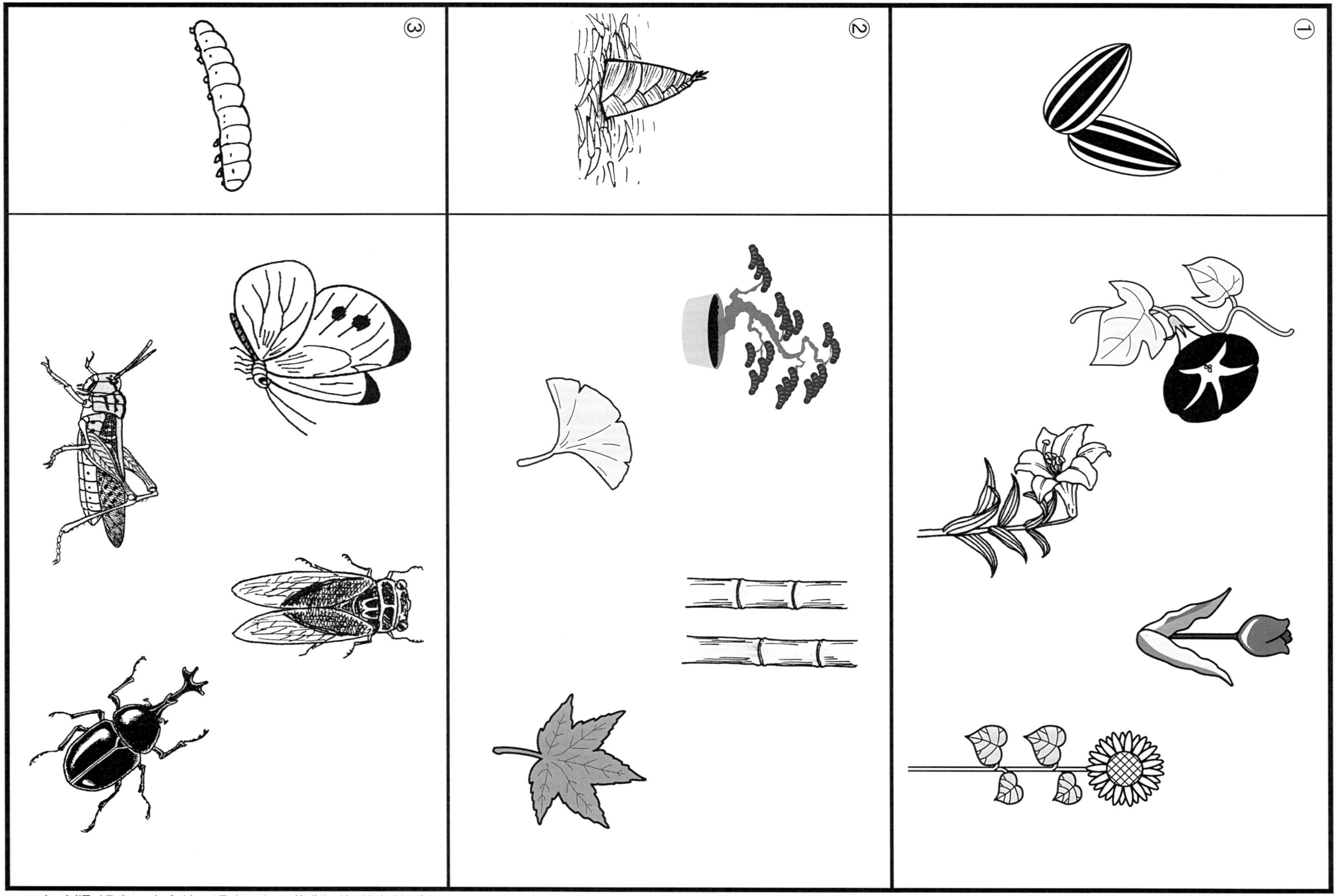

問題３４－２

①

②

③

日本学習図書株式会社

☆ 立命館小学校

日本学習図書株式会社

2021年度版 洛南・立命館 過去 無断複製／転載を禁ずる

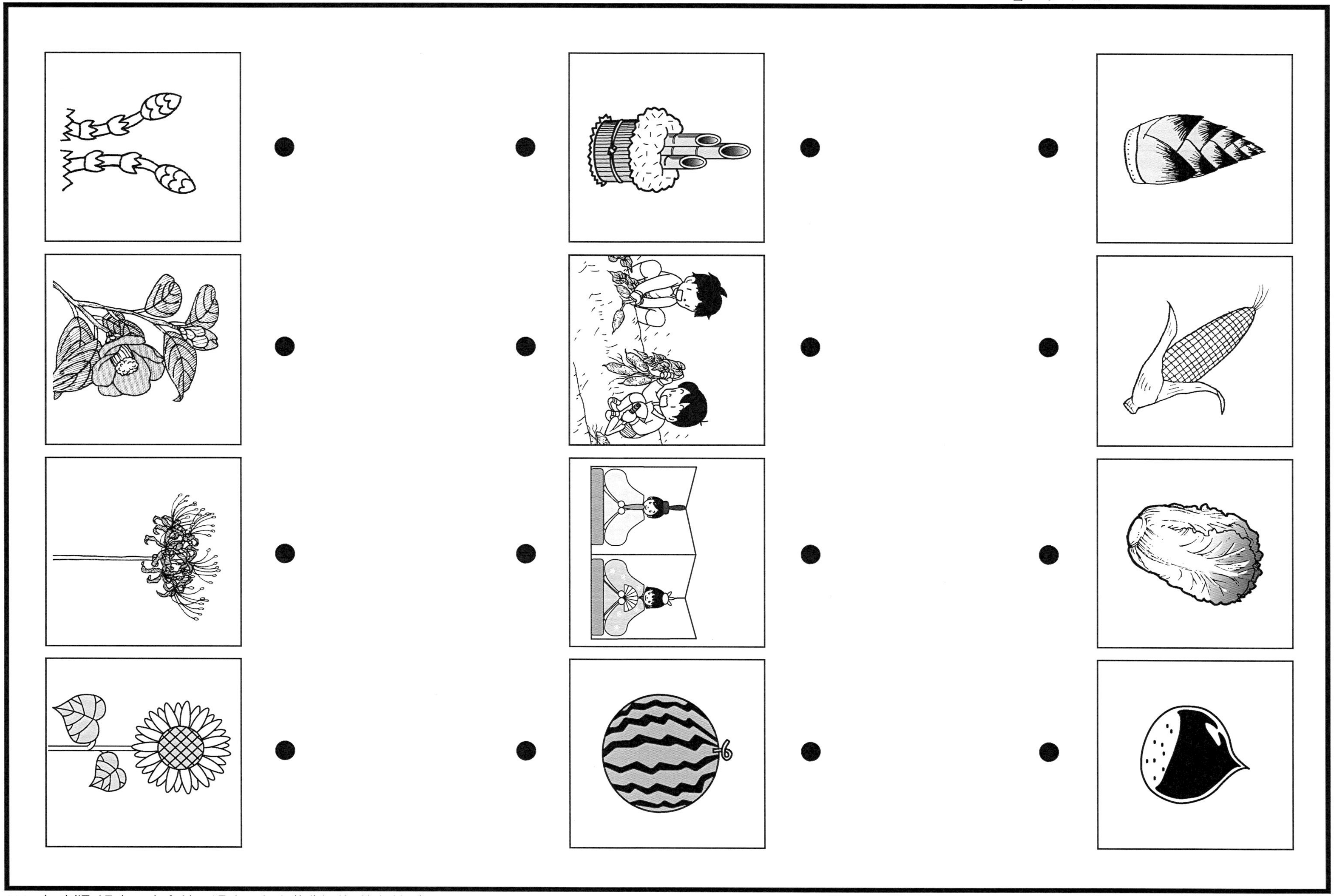

問題35

①

②

日本学習図書株式会社

問題３６－１

①

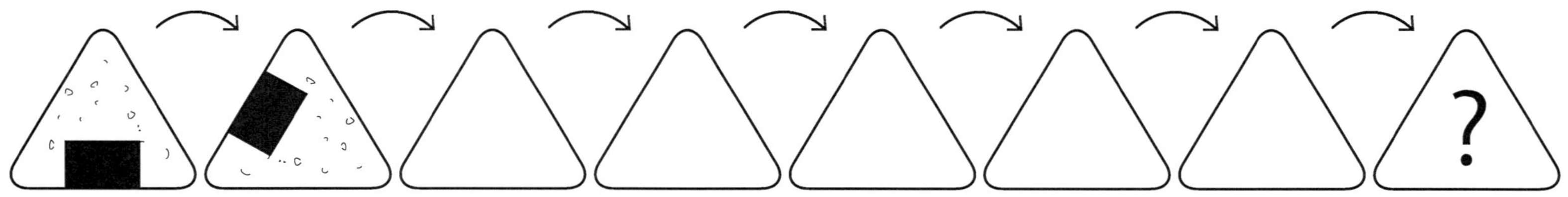

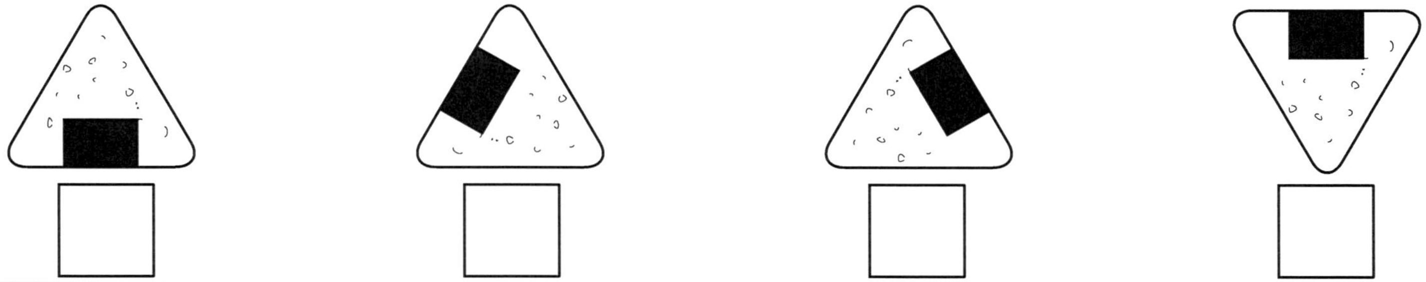

②

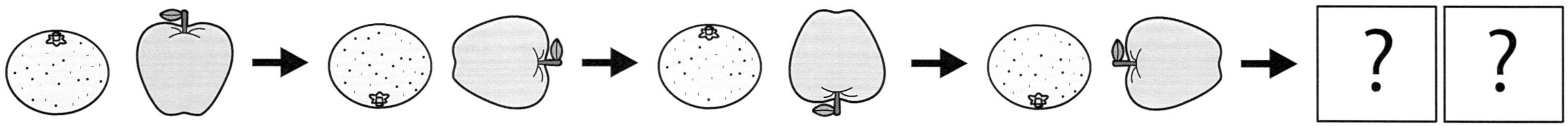

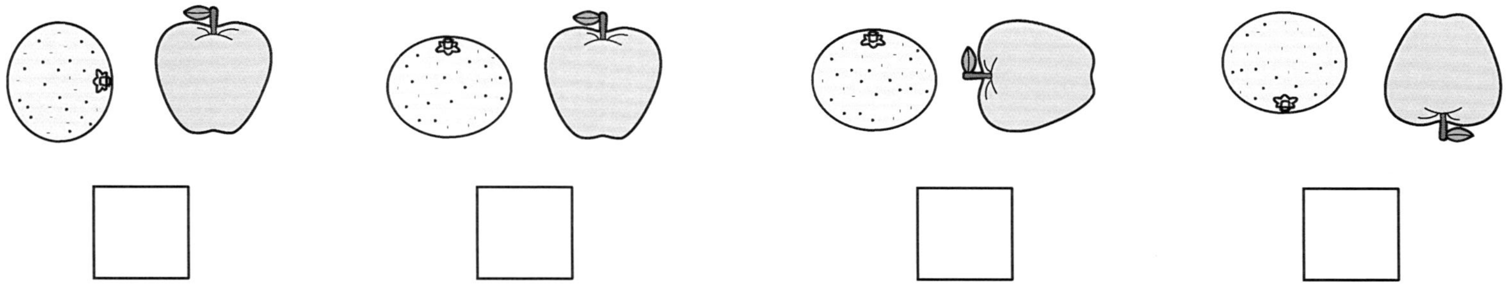

日本学習図書株式会社

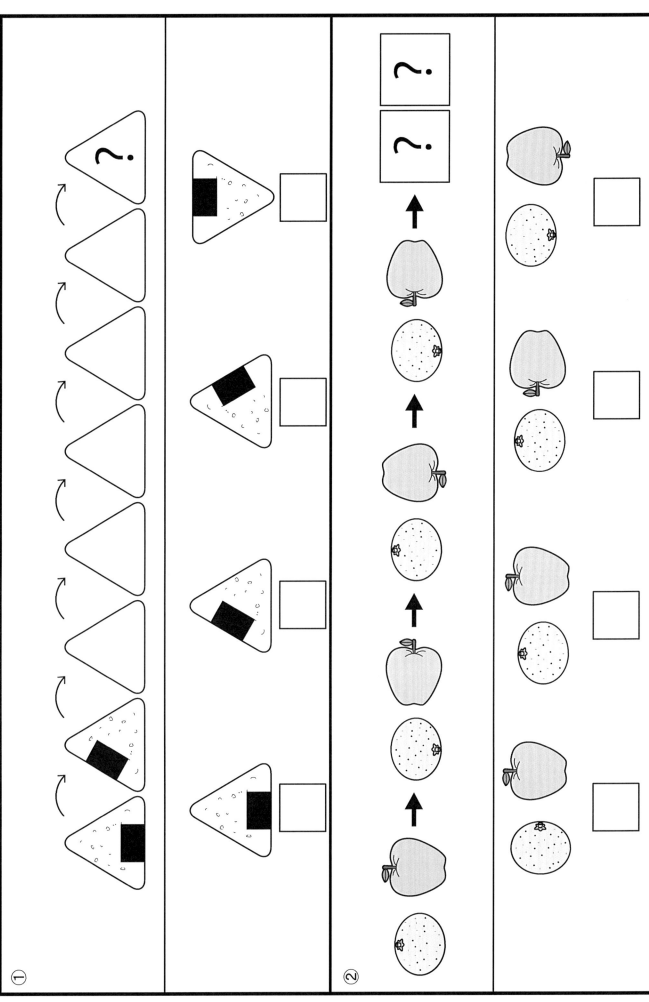

2021年度版 洛南・立命館 過去 無断複製／転載を禁ずる

日本学習図書株式会社

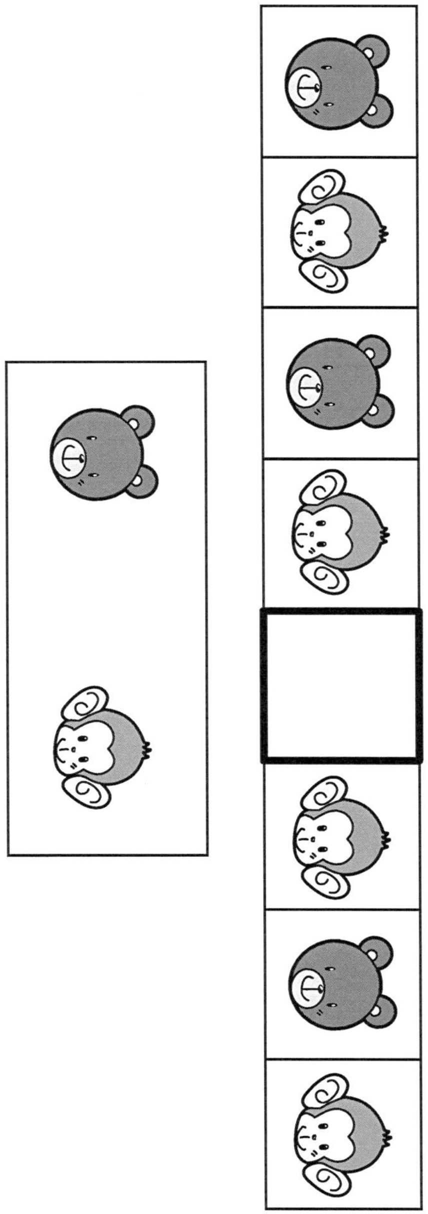

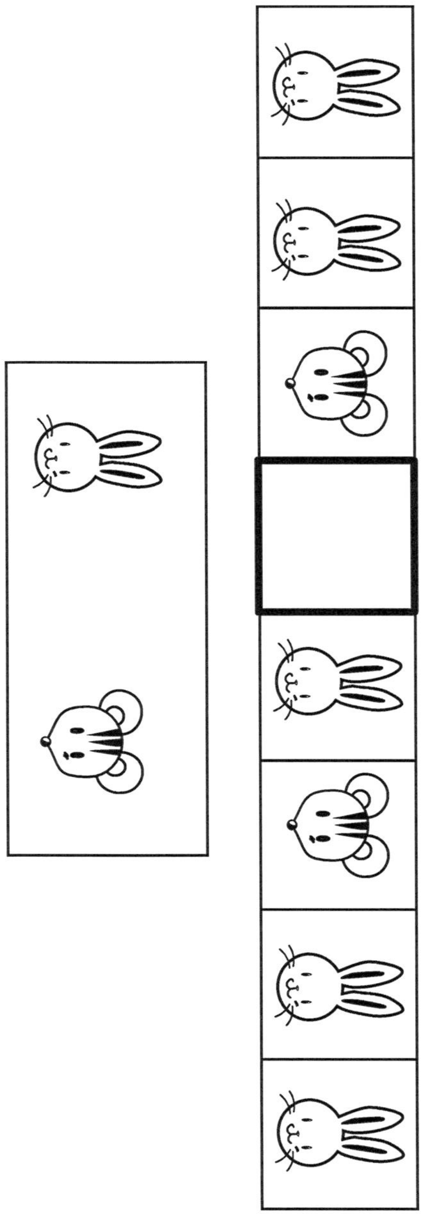

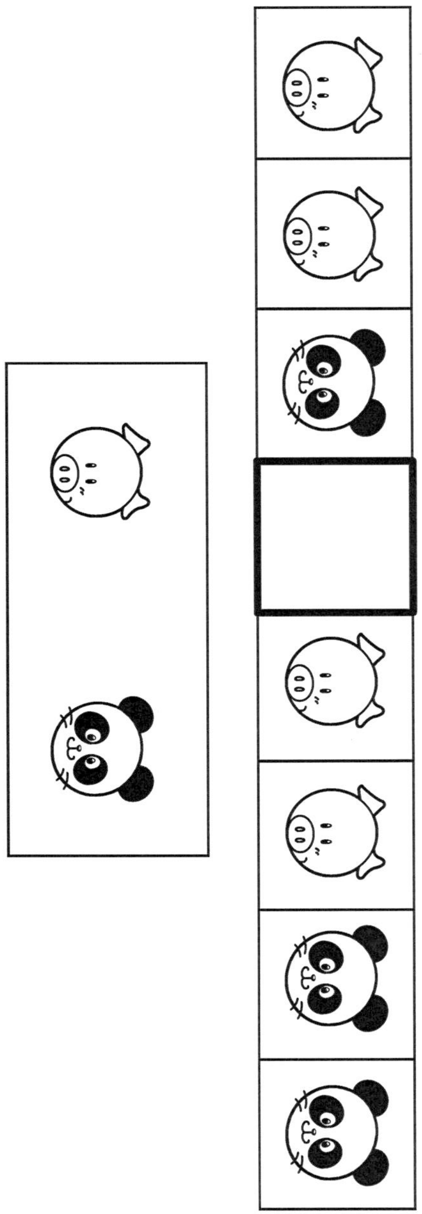

①

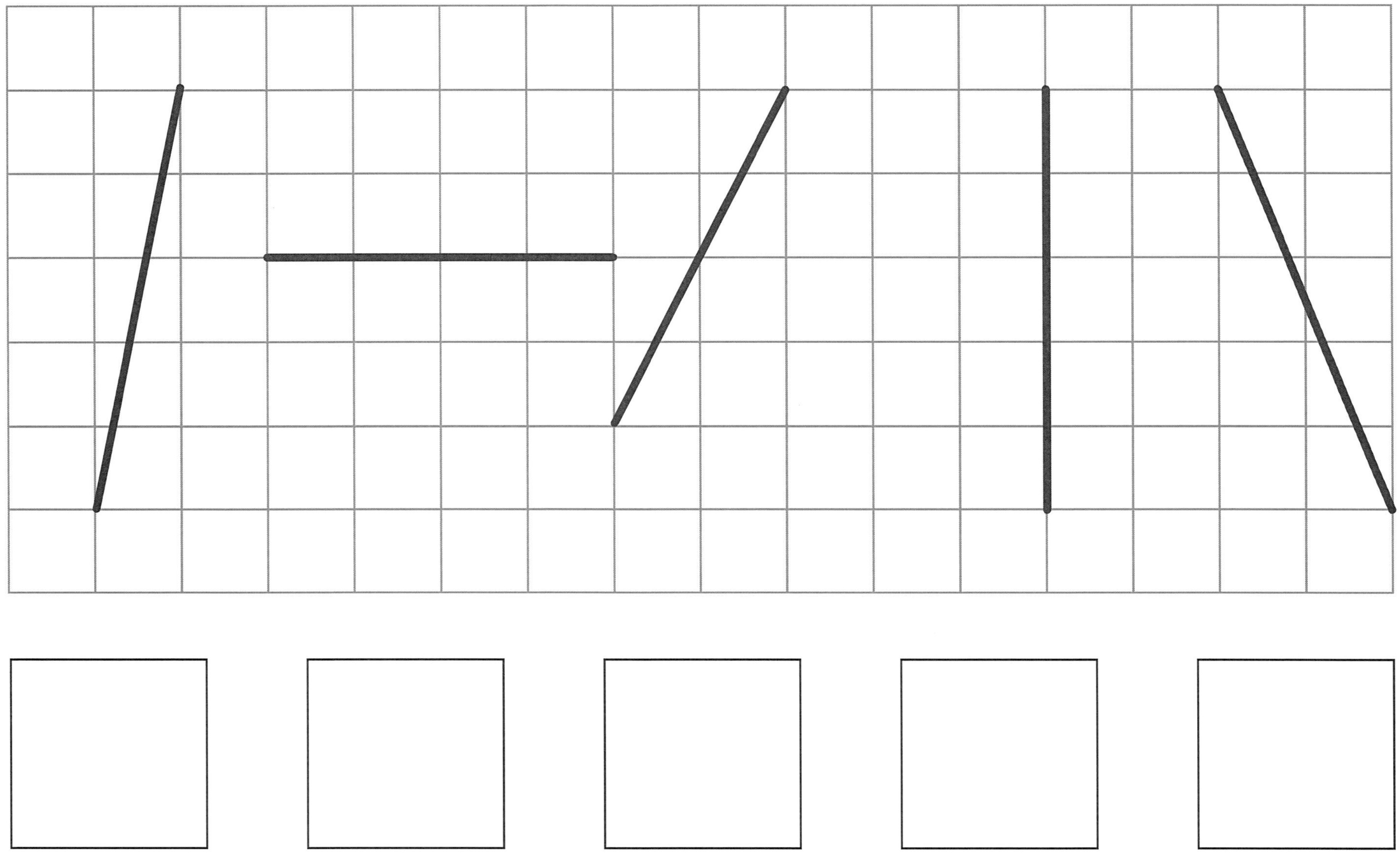

②

③

日本学習図書株式会社

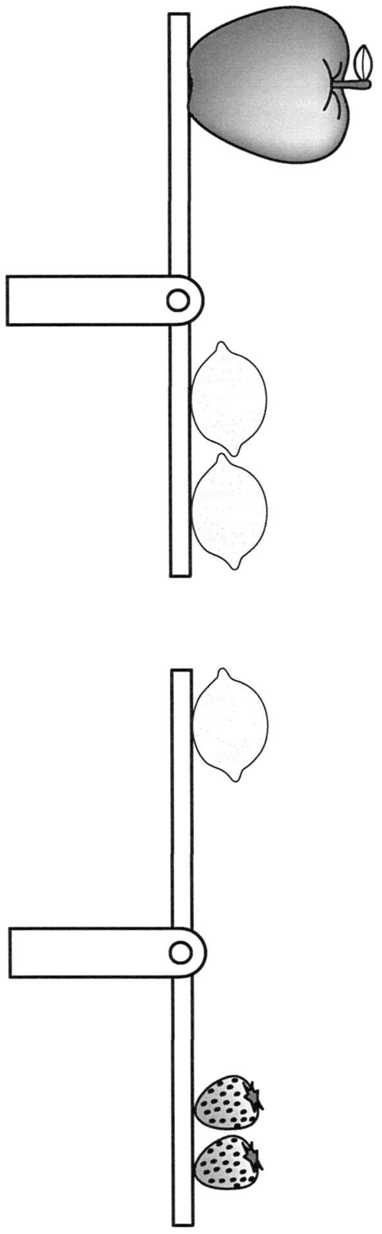

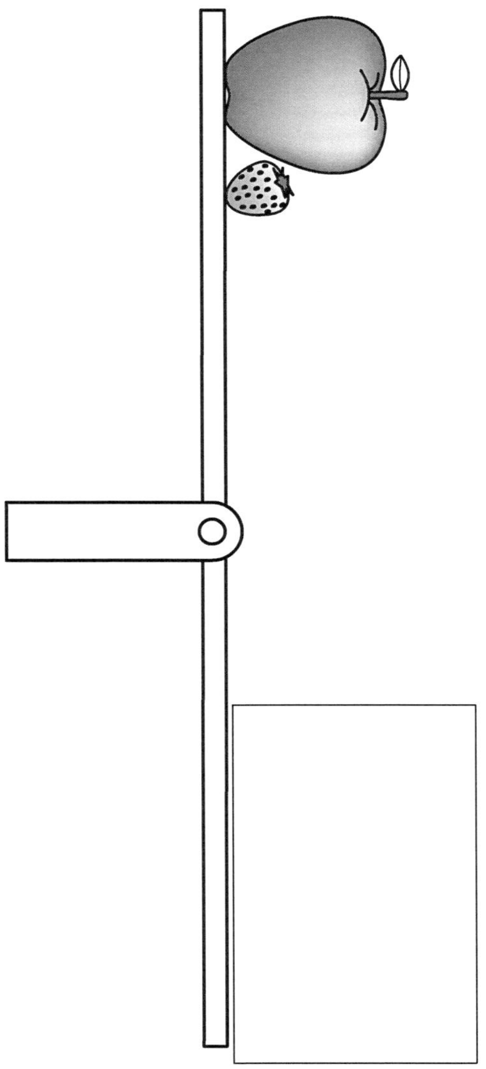

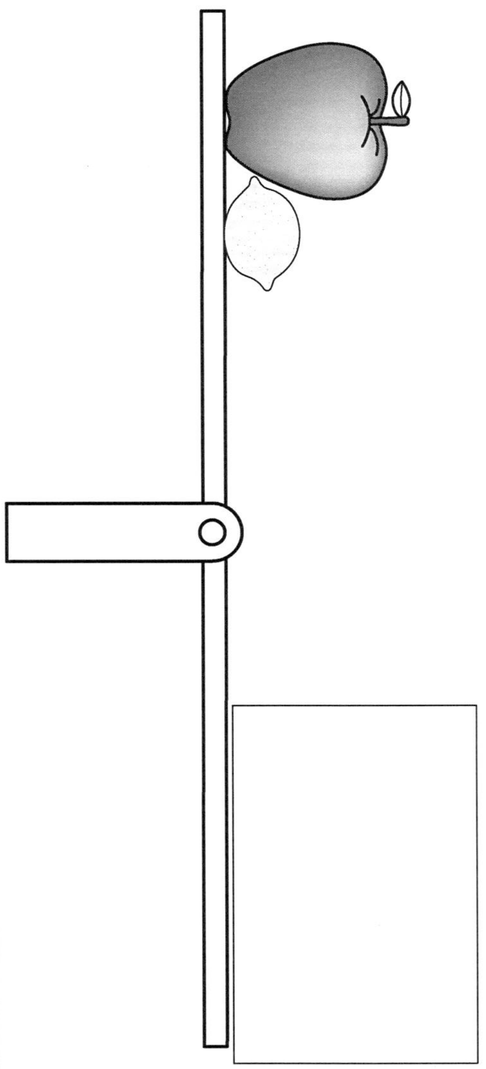

☆　立命館小学校

問題３８－１

①

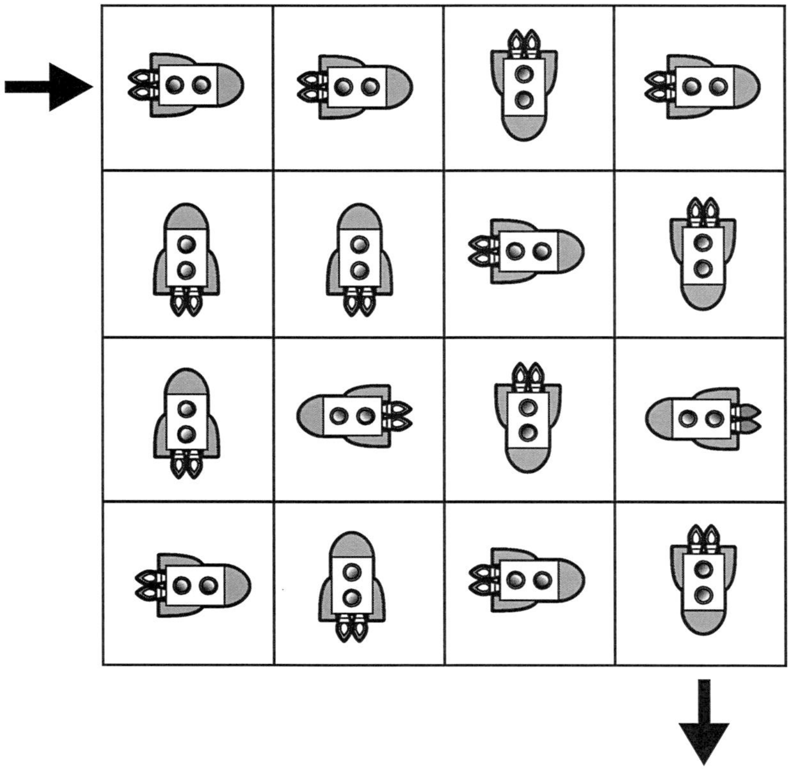

②

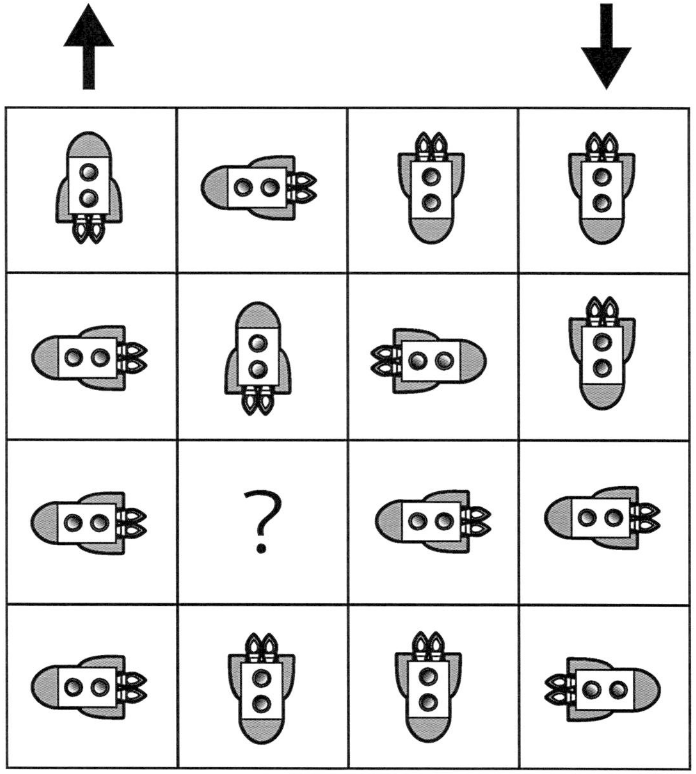

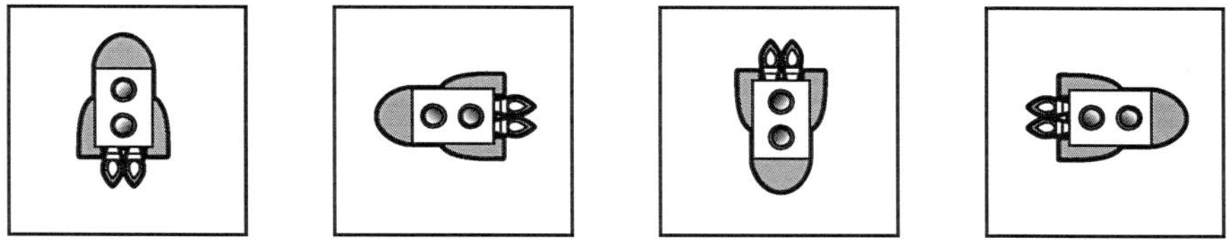

☆　立命館小学校

問題３８－２

③

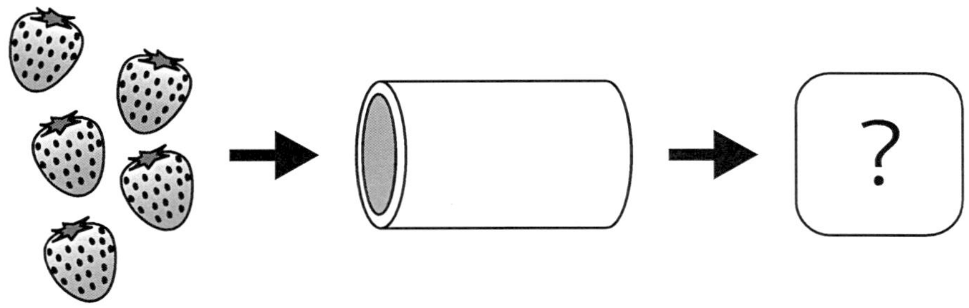

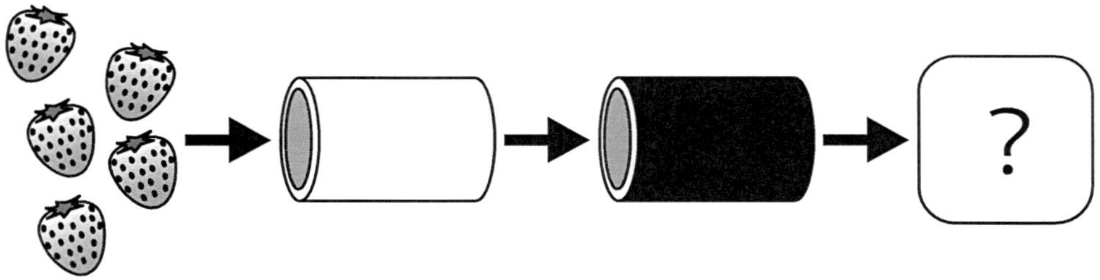

④

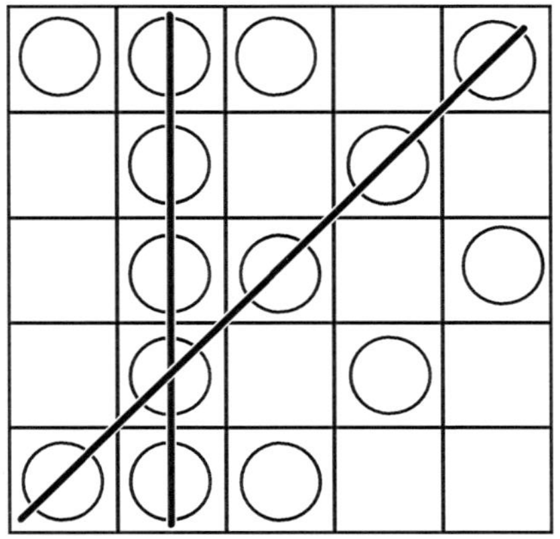

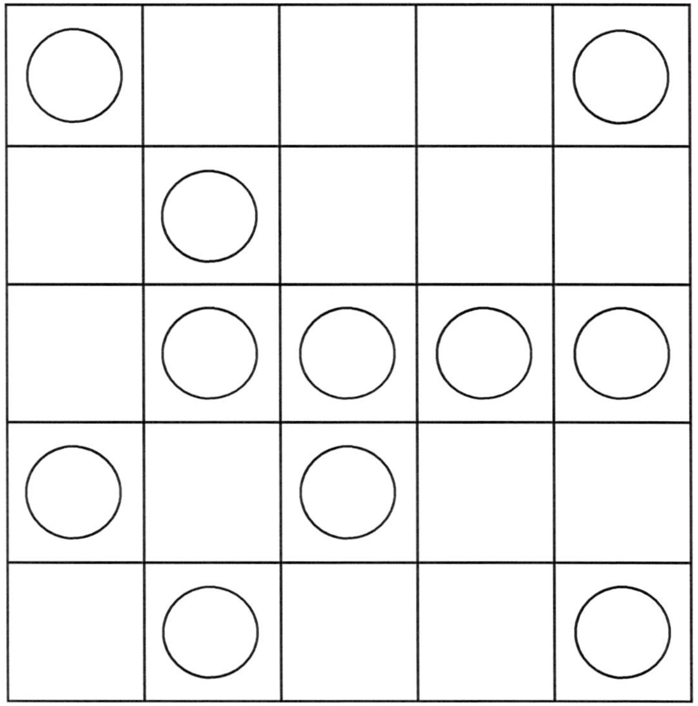

☆ 立命館小学校

2021 年度版　洛南・立命館　過去　無断複製／転載を禁ずる

日本学習図書株式会社

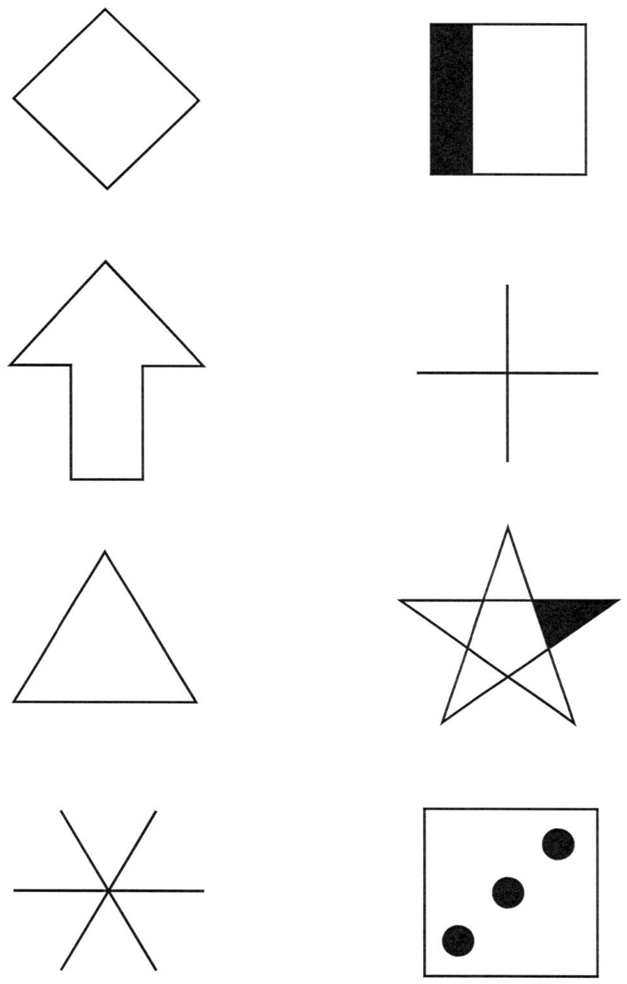

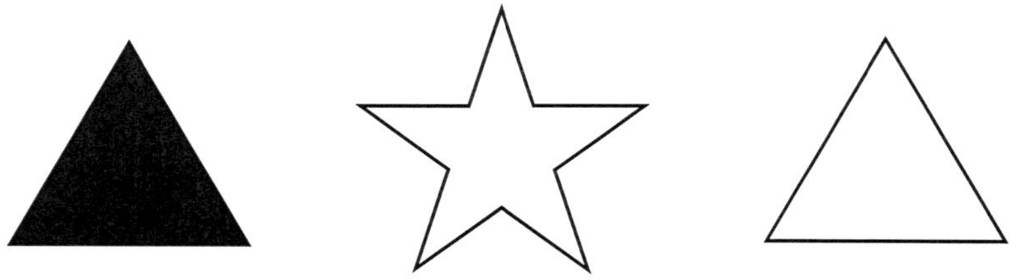

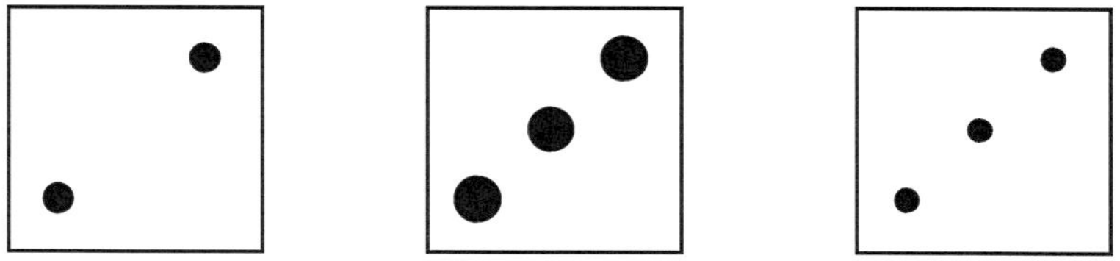

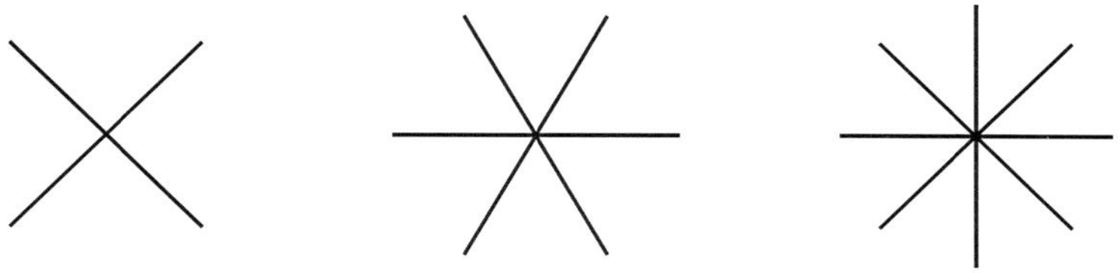

⑤

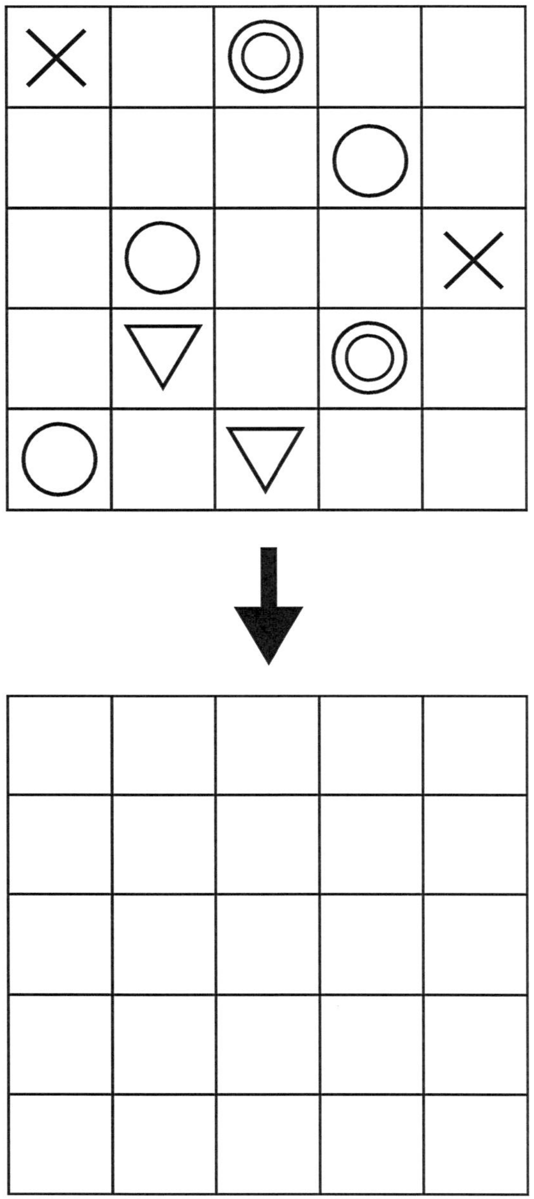

⑥

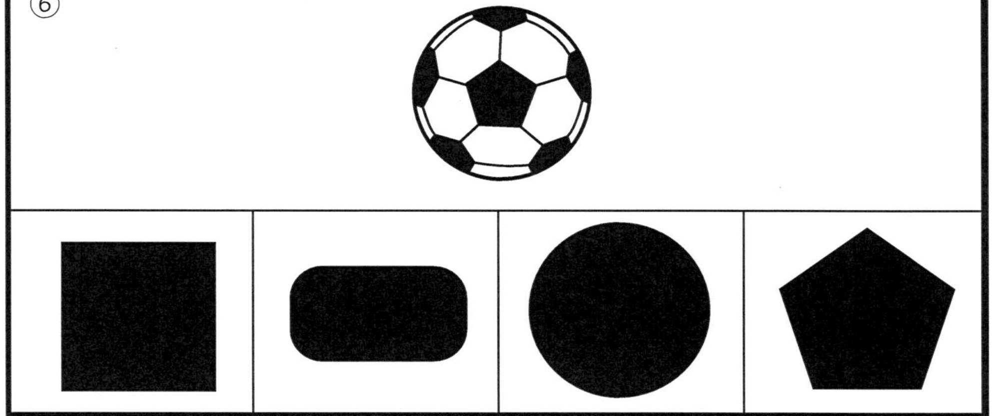

⑦

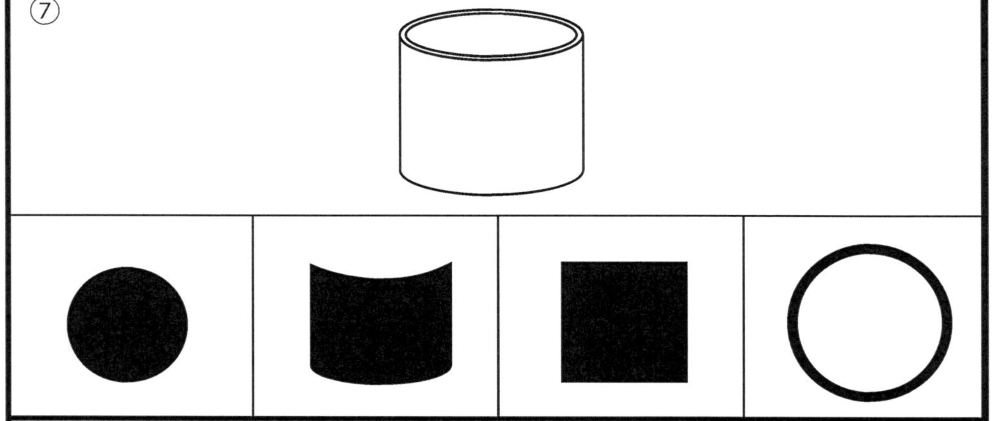

⑧

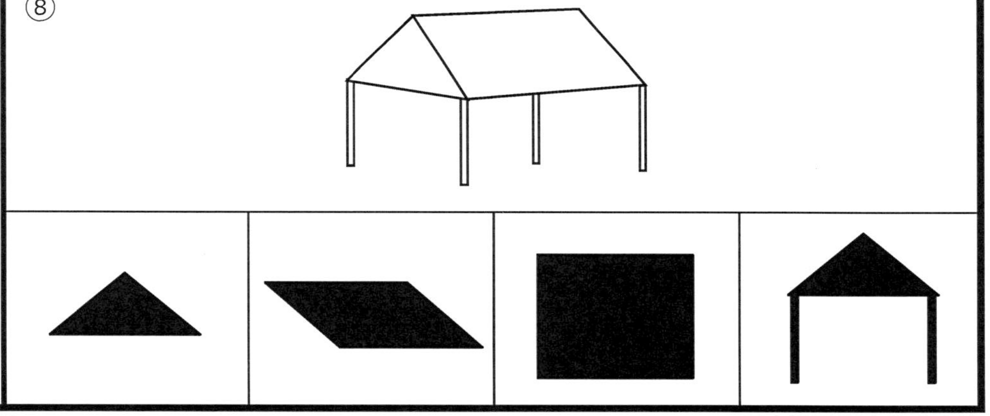

問題４０

①

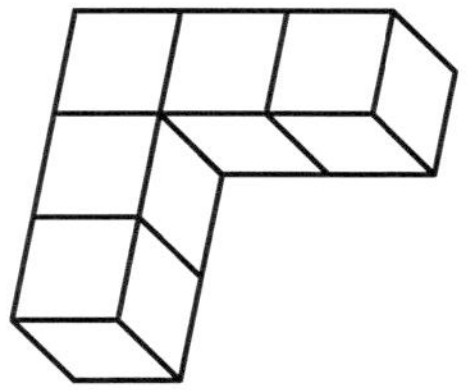

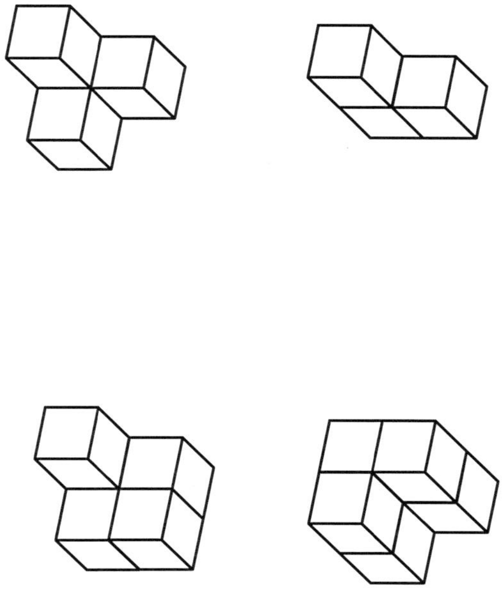

②

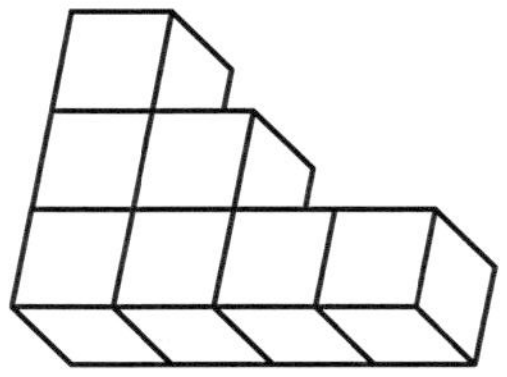

③

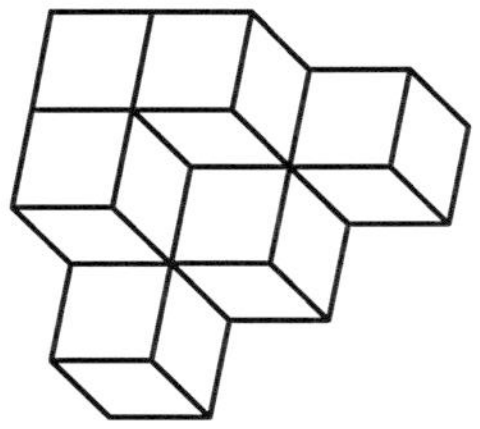

日本学習図書株式会社

分野別 小学入試練習帳 ジュニアウォッチャー

1．点・線図形	小学校入試で出題頻度の高い『点・線図形』の模写を、難易度の低いものから段階別に幅広く練習することができるように構成。
2．座標	図形の位置模写という作業を、難易度の低いものから段階別に練習できるように構成。
3．パズル	様々なパズルの問題を難易度の低いものから段階別に練習できるように構成。
4．同図形探し	小学校入試で出題頻度の高い、同図形選びの問題を繰り返し練習できるように構成。
5．回転・展開	図形などを回転、または展開したとき、形がどのように変化するかを学習し、理解を深められるように構成。
6．系列	数、図形などの様々な系列問題を、難易度の低いものから段階別に練習できるように構成。
7．迷路	迷路の問題を繰り返し練習できるように構成。
8．対称	対称に関する問題を４つのテーマに分類し、各テーマごとに問題を段階別に練習できるように構成。
9．合成	図形の合成に関する問題を、難易度の低いものから段階別に練習できるように構成。
10. 四方からの観察	もの（立体）を様々な角度から見て、どのように見えるかを推理する問題を段階別に整理し、１つの形式で複数の問題を練習できるように構成。
11. いろいろな仲間	ものや動物、植物の共通点を見つけ、分類していく問題を中心に構成。
12. 日常生活	日常生活における様々な問題を６つのテーマに分類し、各テーマごとに一つの問題形式で複数の問題を練習できるように構成。
13. 時間の流れ	『時間』に着目し、様々なものごとは、時間が経過するとどのように変化するのかということを学習し、理解できるように構成。
14. 数える	様々なものを『数える』ことから、数の多少の判定やかけ算、わり算の基礎までを練習できるように構成。
15. 比較	比較に関する問題を５つのテーマ（数、高さ、長さ、量、重さ）に分類し、各テーマごとに問題を段階別に練習できるように構成。
16. 積み木	数える対象を積み木に限定した問題集。
17. 言葉の音遊び	言葉の音に関する問題を５つのテーマに分類し、各テーマごとに問題を段階別に練習できるように構成。
18. いろいろな言葉	表現力をより豊かにするいろいろな言葉として、擬態語や擬声語、同音異義語、反意語、数詞を取り上げた問題集。
19. お話の記憶	お話を聴いてその内容を記憶、理解し、設問に答える形式の問題集。
20. 見る記憶・聴く記憶	「見て憶える」「聴いて憶える」という『記憶』分野に特化した問題集。
21. お話作り	いくつかの絵を元にしてお話を作る練習をして、想像力を養うことができるように構成。
22. 想像画	描かれてある形や景色に好きな絵を描くことにより、想像力を養うことができるように構成。
23. 切る・貼る・塗る	小学校入試で出題頻度の高い、はさみやのりなどを用いた巧緻性の問題を繰り返し練習できるように構成。
24・絵画	小学校入試で出題頻度の高い、お絵かきやぬり絵などクレヨンやクーピーペンを用いた巧緻性の問題を繰り返し練習できるように構成。
25. 生活巧緻性	小学校入試で出題頻度の高い日常生活の様々な場面における巧緻性の問題集。
26. 文字・数字	ひらがなの清音、濁音、拗音、拗長音、促音と１～20までの数字に焦点を絞り、練習できるように構成。
27. 理科	小学校入試で出題頻度が高くなりつつある理科の問題を集めた問題集。
28. 運動	出題頻度の高い運動問題を種目別に分けて構成。
29. 行動観察	項目ごとに問題提起をし、「このような時はどうか、あるいはどう対処するのか」の観点から問いかける形式の問題集。
30. 生活習慣	学校から家庭に提起された問題と思って、一問一問絵を見ながら話し合い、考える形式の問題集。
31. 推理思考	数、量、言語、常識（含理科、一般）など、諸々のジャンルから問題を構成し、近年の小学校入試問題傾向に沿って構成。
32. ブラックボックス	箱や筒の中を通ると、どのようなお約束でどのように変化するかを推理・思考する問題集。
33. シーソー	重さの違うものをシーソーに乗せた時どちらに傾くのか、またどうすればシーソーは釣り合うのかを思考する基礎的な問題集。
34. 季節	様々な行事や植物などを季節別に分類できるように知識をつける問題集。
35. 重ね図形	小学校入試で頻繁に出題されている「図形を重ね合わせてできる形」についての問題を集めました。
36. 同数発見	様々な物を数え「同じ数」を発見し、数の多少の判断や数の認識の基礎を学べるように構成した問題集。
37. 選んで数える	数の学習の基本となる、いろいろなものの数を正しく数える学習を行う問題集。
38. たし算・ひき算１	数字を使わず、たし算とひき算の基礎を身につけるための問題集。
39. たし算・ひき算２	数字を使わず、たし算とひき算の基礎を身につけるための問題集。
40. 数を分ける	数を等しく分ける問題です。等しく分けたときに余りが出るものもあります。
41. 数の構成	ある数がどのような数で構成されているか学んでいきます。
42. 一対多の対応	一対一の対応から、一対多の対応まで、かけ算の考え方の基礎学習を行います。
43. 数のやりとり	あげたり、もらったり、数の変化をしっかりと学びます。
44. 見えない数	指定された条件から数を導き出します。
45. 図形分割	図形の分割に関する問題集。パズルや合成の分野にも通じる様々な問題を集めました。
46. 回転図形	「回転図形」に関する問題集。やさしい問題から始め、いくつかの代表的なパターンから、段階を踏んで学習できるよう編集されています。
47. 座標の移動	「マス目の指示通りに移動する問題」と「指示された数だけ移動する問題」を収録。
48. 鏡図形	鏡で左右反転させた時の見え方を考えます。平面図形から立体図形、文字、絵まで。
49. しりとり	すべての学習の基礎となる「言葉」を学ぶこと、特に「語彙」を増やすことに重点をおき、さまざまなタイプの「しりとり」問題を集めました。
50. 観覧車	観覧車やメリーゴーラウンドなどを舞台にした「回転系列」の問題集。「推理思考」分野の問題ですが、要素として「図形」や「数量」も含みます。
51. 運筆①	鉛筆の持ち方を学び、点線なぞり、お手本を見ながらの模写で、線を引く練習をします。
52. 運筆②	運筆①からさらに発展し、「欠所補完」や「迷路」などを楽しみながら、より複雑な鉛筆運びを習得することを目指します。
53. 四方からの観察 積み木編	積み木を使用した「四方からの観察」に関する問題を練習できるように構成。
54. 図形の構成	見本の図形がどのような部分によって形づくられているかを考えます。
55. 理科②	理科的知識に関する問題を集中して練習する「常識」分野の問題集。
56. マナーとルール	道路や駅、公共の場でのマナー、安全や衛生に関する常識を学べるように構成。
57. 置き換え	さまざまな具体的・抽象的事象を記号で表す「置き換え」の問題を扱います。
58. 比較②	長さ・高さ・体積・数などを数学的な知識を使わず、論理的に推測する「比較」の問題を練習できるように構成。
59. 欠所補完	線と線のつながり、欠けた絵に当てはまるものなどを求める「欠所補完」に取り組める問題集です。
60. 言葉の音（おん）	しりとり、決まった順番の音をつなげるなど、「言葉の音」に関する問題に取り組める練習問題集です。

図書カード1000円分プレゼント

ご記入日　　年　月　日

☆国・私立小学校受験アンケート☆

※可能な範囲でご記入下さい。選択肢は○で囲んで下さい。

〈小学校名〉＿＿＿＿＿＿＿＿＿＿　〈お子さまの性別〉男・女　〈誕生月〉＿＿月

〈その他の受験校〉（複数回答可）＿＿＿＿＿＿＿＿＿＿＿＿＿＿＿＿

〈受験日〉①：＿月＿日〈時間〉＿時＿分～＿時＿分

②：＿月＿日〈時間〉＿時＿分～＿時＿分

〈受験者数〉男女計＿名（男子＿名　女子＿名）

〈お子さまの服装〉＿＿＿＿＿＿＿＿＿＿

〈入試全体の流れ〉（記入例）準備体操→行動観察→ペーパーテスト

＿＿＿＿＿＿＿＿＿＿＿＿＿＿＿＿

Eメールによる情報提供

日本学習図書では、Eメールでも入試情報を募集しております。

下記のアドレスに、アンケートの内容をご入力の上、メールをお送り下さい。

ojuken@nichigaku.jp

●行動観察　（例）好きなおもちゃで遊ぶ・グループで協力するゲームなど

〈実施日〉＿月＿日〈時間〉＿時＿分～＿時＿分〈着替え〉□有　□無

〈出題方法〉□肉声　□録音　□その他（　　　　）〈お手本〉□有　□無

〈試験形態〉□個別　□集団（　　人程度）　〈会場図〉

〈内容〉

□自由遊び

＿＿＿＿＿＿＿＿＿＿＿＿＿＿＿＿

□グループ活動

＿＿＿＿＿＿＿＿＿＿＿＿＿＿＿＿

□その他

＿＿＿＿＿＿＿＿＿＿＿＿＿＿＿＿

●運動テスト（有・無）　（例）跳び箱・チームでの競争など

〈実施日〉＿月＿日〈時間〉＿時＿分～＿時＿分〈着替え〉□有　□無

〈出題方法〉□肉声　□録音　□その他（　　　　）〈お手本〉□有　□無

〈試験形態〉□個別　□集団（　　人程度）　〈会場図〉

〈内容〉

□サーキット運動

□走り　□跳び箱　□平均台　□ゴム跳び

□マット運動　□ボール運動　□なわ跳び

□クマ歩き

□グループ活動＿＿＿＿＿＿＿＿＿＿

□その他＿＿＿＿＿＿＿＿＿＿

日本学習図書株式会社

●知能テスト・口頭試問

〈実施日〉 ＿＿月＿＿日 **〈時間〉** ＿＿時＿＿分 ～ ＿＿時＿＿分 **〈お手本〉** □有 □無

〈出題方法〉 □肉声 □録音 □その他（　　　　　　） **〈問題数〉** ＿＿枚 ＿＿問

分野	方法	内　容	詳細・イラスト
(例) お話の記憶	☑筆記 □口頭	動物たちが待ち合わせをする話	(あらすじ) 動物たちが待ち合わせをした。最初にウサギさんが来た。次にイヌくんが、その次にネコさんが来た。最後にタヌキくんが来た。 (問題・イラスト) ３番目に来た動物は誰か 
お話の記憶	□筆記 □口頭		(あらすじ) (問題・イラスト)
図形	□筆記 □口頭		
言語	□筆記 □口頭		
常識	□筆記 □口頭		
数量	□筆記 □口頭		
推理	□筆記 □口頭		
その他	□筆記 □口頭		

日本学習図書株式会社

●制作　（例）ぬり絵・お絵かき・工作遊びなど

〈実施日〉＿＿月＿＿日 〈時間〉＿＿時＿＿分 ～ ＿＿時＿＿分

〈出題方法〉 □肉声 □録音 □その他（　　　　　　） 〈お手本〉□有 □無

〈試験形態〉 □個別 □集団（　　　人程度）

材料・道具	制作内容
□ハサミ □のり（□つぼ □液体 □スティック） □セロハンテープ □鉛筆 □クレヨン（　色） □クーピーペン（　色） □サインペン（　色）□ □画用紙（□ A4 □ B4 □ A3 □その他：　　　　　） □折り紙 □新聞紙 □粘土 □その他（　　　　　）	□切る □貼る □塗る □ちぎる □結ぶ □描く □その他（　　　　　　） タイトル：＿＿＿＿＿＿＿＿＿＿

●面接

〈実施日〉＿＿月＿＿日 〈時間〉＿＿時＿＿分 ～ ＿＿時＿＿分〈面接担当者〉＿＿名

〈試験形態〉 □志願者のみ（　　）名 □保護者のみ □親子同時 □親子別々

〈質問内容〉

□志望動機　□お子さまの様子

□家庭の教育方針

□志望校についての知識・理解

□その他（　　　　　　　　　　）

（　詳　細　）

・

・

・

・

※試験会場の様子をご記入下さい。

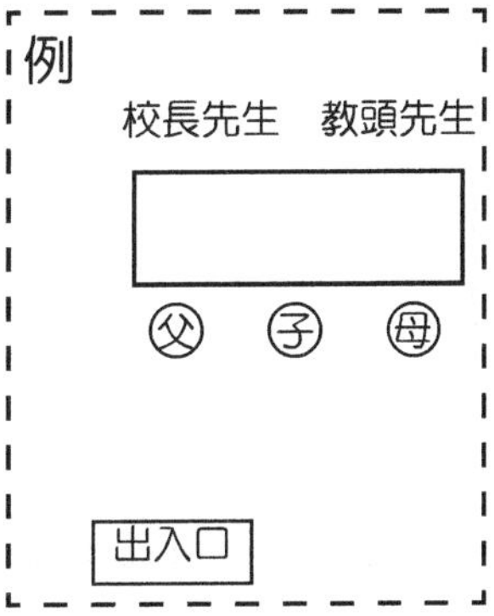

●保護者作文・アンケートの提出（有・無）

〈提出日〉 □面接直前 □出願時 □志願者考査中 □その他（　　　　　　　　）

〈下書き〉 □有 □無

〈アンケート内容〉

（記入例）当校を志望した理由はなんですか（150 字）

●説明会（□有　□無）〈開催日〉＿＿月＿＿日〈時間〉＿＿時＿＿分～＿＿時＿＿分

〈上履き〉□要　□不要　〈願書配布〉□有　□無　〈校舎見学〉□有　□無

〈ご感想〉

●参加された学校行事（複数回答可）

公開授業〈開催日〉＿＿月＿＿日〈時間〉＿＿時＿＿分～＿＿時＿＿分

運動会など〈開催日〉＿＿月＿＿日〈時間〉＿＿時＿＿分～＿＿時＿＿分

学習発表会・音楽会など〈開催日〉＿＿月＿＿日〈時間〉＿＿時＿＿分～＿＿時＿＿分

〈ご感想〉

※是非参加したほうがよいと感じた行事について

●受験を終えてのご感想、今後受験される方へのアドバイス

※対策学習（重点的に学習しておいた方がよい分野）、当日準備しておいたほうがよい物など

＊＊＊＊＊＊＊＊＊＊＊＊　ご記入ありがとうございました　＊＊＊＊＊＊＊＊＊＊＊＊

必要事項をご記入の上、ポストにご投函ください。

なお、本アンケートの送付期限は入試終了後３ヶ月とさせていただきます。また、入試に関する情報の記入量が当社の基準に満たない場合、謝礼の送付ができないことがございます。あらかじめご了承ください。

ご住所：〒＿＿＿＿＿＿＿＿＿＿＿＿＿＿＿＿＿＿＿＿

お名前：＿＿＿＿＿＿＿＿＿＿　メール：＿＿＿＿＿＿＿＿＿＿

ＴＥＬ：＿＿＿＿＿＿＿＿＿＿　ＦＡＸ：＿＿＿＿＿＿＿＿＿＿

アンケートのご記入
ありがとうございました

ご記入頂いた個人に関する情報は、当社にて厳重に管理致します。弊社の個人情報取り扱いに関する詳細は、www.nichigaku.jp/policy.php の「個人情報の取り扱い」をご覧下さい。